UTB 2321

W0053162

Eine Arbeitsgemeinschaft der Verlage

Beltz Verlag Weinheim und Basel
Böhlau Verlag Köln · Weimar · Wien
Wilhelm Fink Verlag München
A. Francke Verlag Tübingen und Basel
Paul Haupt Verlag Bern · Stuttgart · Wien
Verlag Leske + Budrich Opladen
Lucius & Lucius Verlagsgesellschaft Stuttgart
Mohr Siebeck Tübingen
C. F. Müller Verlag Heidelberg
Ernst Reinhardt Verlag München und Basel
Ferdinand Schöningh Verlag Paderborn · München · Wien · Zürich
Eugen Ulmer Verlag Stuttgart
UVK Verlagsgesellschaft Konstanz
Vandenhoeck & Ruprecht Göttingen
WUV Facultas · Wien

Die Reihe »Pädagogische Porträts«
wird herausgegeben von Alfred Schäfer.

Birgitta Fuchs

Maria Montessori

Ein pädagogisches Porträt

Beltz Verlag · Weinheim und Basel

Über die Autorin:
Dr. Birgitta Fuchs, Jg. 1961, zurzeit Lehrbeauftragte an der Universität Würzburg und Habilitantin an der Universität Bayreuth.

Über den Herausgeber:
Alfred Schäfer, Prof. Dr. phil. habil., Jg. 1951, ist Hochschullehrer für Systematische Erziehungswissenschaft an der Martin-Luther-Universität Halle-Wittenberg.

Lektorat: Peter E. Kalb

© 2003 Beltz Verlag · Weinheim und Basel
www.beltz.de
Herstellung: Christine Herth
Satz: Mediapartner Satz und Repro GmbH, Hemsbach
Druck: Druckhaus Beltz, Hemsbach
Umschlaggestaltung: Atelier Reichert, Stuttgart
Printed in Germany

ISBN (UTB): 3-8252-2321-3
ISBN (Beltz Verlag): 3-407-25269-2

Inhaltsverzeichnis

Einleitung 7

Maria Montessoris Programm einer
wissenschaftlichen Pädagogik 11
Die Entstehung der Montessori-Pädagogik aus dem
Geist des Positivismus 11
Die Pädagogik zwischen Experimentalwissenschaft und
Mystizismus 28

Montessoris Entwicklungs- und Lernpsychologie
und die Idee einer»naturgemäßen« Erziehung 52
Die Theorie des immanenten Bauplanes 55
Theorie sensibler Phasen 59
Der absorbierende Geist und die Mneme 65
Polarisation der Aufmerksamkeit als Aufbauprinzip 75
Montessoris Forderung einer naturgemäßen Erziehung
und ihre Grenzen 79

Die Vergöttlichung der Natur:
Maria Montessoris kosmische Theorie 94
Maria Montessoris kosmisches Denken 97
Montessoris Annäherung an die Idee einer
Wissenschaftsreligion 104
Die Stellung des Menschen im Kosmos 111
Montessoris Idee einer Erziehung zum Weltfrieden 116

**Montessoris sozialbiologische Theorie der
»organisierten Gesellschaft«** 119
Die Gleichsetzung embryonaler und
sozialer Entwicklungsschemata 123
Die Begründung einer »Ethik« des Altruismus
aus der Biologie 128
Das spontane Sozialverhalten der Kinder 131
Assimilation als grundlegende Form der
sozialen Integration 135
Gesellschaftsbildung durch Kohäsion 138
Gesellschaft im Sinne einer bewusst organisierten
Vereinigung 140
Die aktive Gestaltung gesellschaftlichen Lebens 144

Resümee 149

Zeittafel 152

Literaturverzeichnis 158

Einleitung

>»Die Menschheit kann auf eine Lösung ihrer Probleme,
unter denen die dringlichsten Friede und Einheit sind,
nur dann hoffen, wenn sie ihre Aufmerksamkeit und
Energie auf die Entdeckung des Kindes sowie auf die Entwicklung der großen Potenzialität der in ihrer Bildung
begriffenen menschlichen Personalität konzentriert.«

Dieses Zitat, das Maria Montessoris Einführung zur dritten italienischen Auflage ihres wohl bedeutendsten Buches *Il Metodo* ent-
nommen ist, enthält in nuce die pädagogische Idee Maria Montessoris, die sich von einer grundlegenden Reform der Erziehung und
Bildung des Menschen nicht weniger als die Lösung sämtlicher
Probleme der Menschheit erhofft. Dabei wird die pädagogische
Intention Montessoris von zwei zentralen Zielen geleitet: auf der
einen Seite erstrebt sie die wissenschaftliche Erforschung und
Aufdeckung der »wahren« Natur des Kindes und eine ihr entsprechende systematische Förderung seiner latenten Entwicklungs-
potenziale; auf der anderen Seite steht die soziale Integration des
kindlichen Individuums in eine bestehende organisch gewachsene
soziokulturelle Umwelt im Mittelpunkt des pädagogischen Interesses. Die Menschwerdung des Kindes vollzieht sich in der Spannung
zwischen spontaner individueller Selbstentfaltung und rezeptiver
sozialer Determination und wird durch die regulative Idee des
»normalisierten Kindes« einerseits und durch die Vorstellung von
einer vollkommen organisierten Gesellschaft als Realisierung von
Friede und Einheit andererseits bestimmt.

Mit ihrem Bemühen um eine radikale, durch die moderne Wissenschaft angeleitete und begleitete Reform von Erziehung und

Schule, mit ihrem sozialreformerischen Einsatz für die Emanzipation der Frau und mit ihrem Kampf für die sozialen Rechte des Kindes fügt sich Maria Montessori in die Reihe jener Reformpädagogen ein, die sich um die Wende vom 19. zum 20. Jahrhundert um eine Neueinschätzung von Kindheit und um eine Neugestaltung des pädagogischen Bezuges bemühten.

Maria Montessori ist sicherlich eine der interessantesten Persönlichkeiten jener Reformbewegung, die als Ärztin und Sozialreformerin den Kampf um die Rechte und die Würde des Kindes aufnahm und durch ihre spezifische Erziehungsmethode weltweit Beachtung fand. Selbst das heutige Nachdenken über alternative Erziehungs- und Bildungskonzepte wird durch die Pädagogik Montessoris weitgehend beeinflusst, sodass die Frage nach ihrer Aktualität zu Recht immer wieder neu gestellt wird. Für das Suchen nach alternativen Erziehungs- und Schulkonzepten und für den Wunsch nach einer Humanisierung der Schule ist der Name Montessori nicht mehr wegzudenken.

Mit der Montessori-Pädagogik verbindet sich gewöhnlich die Vorstellung selbstständig und diszipliniert arbeitender Kinder, die sich anhand eines frei gewählten »Arbeitsmaterials« in selbst gesteuerten Lernprozessen die Welt erschließen und wesentliche Bildungsinhalte aneignen, ohne dabei von einem Lehrer schulmeisterlich geführt zu werden. Autonomie und Freiheit, Selbsttätigkeit und spontane Selbstentfaltung des Kindes dienen dabei als Schlagwörter, welche eine effektivere und kindgerechtere Gestaltung von Erziehung und Unterricht verheißen und die in ihrer suggestiven Kraft eine kritische Prüfung der theoretischen Begründung dieser Ideen durch Montessori geradezu als überflüssig erscheinen lassen. Dabei wird oft übersehen, dass es sich bei diesen pädagogischen Slogans lediglich um inhaltsleere Worte handelt, solange man sie nicht aus ihrem systematischen Zusammenhang heraus erklärt, in dem allein sie ihre inhaltliche Bestimmtheit erhalten. Wie ungeheuer dehnbar Begriffe wie kindliche Freiheit, Selbsttätigkeit, Selbstentfaltung usw. sein können, zeigt die äußerst kontrovers geführte Diskussion und der noch immer nicht enden wollende »Streit um Montessori«, und zwar sowohl hinsichtlich der Theorie als auch in Hinsicht auf die Praxis. So bereitet es offensichtlich wenig Schwierigkeit, in der Montessori-Pädagogik sowohl den Inbegriff einer sogenannten »Pädagogik vom Kinde aus« zu sehen, die allein aus der entelechial bestimmten Selbstentfaltung des individuellen Kindes eine normative Begründung der Erziehung gewinnen zu können glaubt, als auch eine weltanschaulich normative Pädagogik, welche die Erziehung und Bildung des Menschen einem höheren Zweck, nämlich der evolutiven Vervollkommnung der menschlichen Gattung unterordnet. Die Diskussion um die Montessori-Praxis entzündet sich immer wieder an dem sogenannten »didaktischen Material«, an dem die Montessori-Anhänger rühmen, dass es durch die »materialisierte Abstraktion« kindgerechtes, freies und selbstaktives Lernen ermögliche, während die Kritiker in der Festgelegtheit des Materials einen Zwang gegenüber der geistigen Freiheit und Kreativität des Kindes erblicken. Sehen die getreuen »Montessorianer« durch die systematische Förderung kindlicher Entwicklung, durch die Gestaltung einer kindgemäßen und anregenden Lernumgebung und durch die Relativierung bzw. Neuformulierung der Rolle des Erziehers und Lehrers die Freiheit und Autonomie des Kindes optimal verwirklicht, weisen die Montessori-Kritiker darauf hin, dass das Kind gerade durch das subtile Arrangement der Umgebung in hohem Maße der Gefahr einer verschleierten Manipulation und Indoktrination unterliegt.

Die praktisch ungebrochene und theoretisch unbefragte Aktualität der Montessori-Pädagogik scheint vor allem darauf zurückzuführen zu sein, dass Montessori mit pädagogischen Leitideen und kinderfreundlichen Parolen operiert, die anscheinend das »pädagogisch Eigentliche« treffen und daher über eine wissenschaftliche Nachprüfung weit erhaben sind.

Die vorliegende Einführung in die Montessori-Pädagogik steht daher unter dem doppelten Anspruch von Darstellung und Kritik.

Zunächst will sie die Artikulation von Maria Montessoris pädagogischem Denken aus dem Geiste des Positivismus heraus erklären und hinsichtlich seiner anthropologischen, teleologischen und methodologischen Ausfaltung darstellen. Montessoris dort gewonnene Fortschrittsgläubigkeit bildet den eigentlichen Antriebsfaktor ihres pädagogischen Denkens und Wollens, auch dann noch, als ihr Wissenschaftsoptimismus von religiösen und mystischen Elementen überlagert wird. Von daher rührt auch die grundsätzlich technologische, das heißt die der verändernden Macht der Wissenschaft vertrauende pädagogische Grundeinstellung Montessoris.

Das zweite Kapitel dieser Arbeit widmet sich Maria Montessoris Entwicklungs- und Lernpsychologie, die sie in Anlehnung an die Biologie im Sinne einer »Embryologie des Geistes« formuliert und in deren Zentrum sie das Prinzip der Selbstorganisation der psychischen Entwicklung stellt.

Die kritische Anfrage an Montessori wird sich in erster Linie an jene normative Begründung der Montessori-Pädagogik durch eine »kosmische Deutung« von Mensch und Welt richten, die gerade in der jüngsten Montessori-Rezeption (wieder) zu einer Art pädagogischen Heilswissen hochstilisiert wird, ohne dass sich die Autoren fragen, ob diese kosmische Theorie auch heute noch ein tragfähiges Fundament für ein zeitgemäßes Nachdenken über die Erziehung und Bildung des Menschen liefern kann.

Im Hinblick auf die Klärung der hier zu Recht gestellten Frage nach der Montessori-Pädagogik als einem geschichtlich entstandenen und historisch gewordenen Denken über Erziehung kann folgendes Zitat von Günter Buck hilfreich sein: »Das Vergangene hat Aktualität für die Gegenwart primär in seiner Funktion als theoretisches Paradigma, das Denkmöglichkeiten anbietet, die aufs neue durchzuspielen sind. Diese Denkmöglichkeiten werden nicht vor allem positive Antworten, positive Entscheidungen sein. Sie können das sein; aber wer die Möglichkeit durchspielt, kann ebenso gut die vorgeschlagenen positiven Antworten verwerfen, und gerade darin kann die Belehrung durch das Vergangene liegen.«[1]

---

1   Buck, G.: Herbarts Grundlegung der Pädagogik. Vorgelegt von H.-G. Gadamer. Heidelberg 1985, S. 11f.

Maria Montessoris Programm einer wissenschaftlichen Pädagogik

Die Entstehung der Montessori-Pädagogik aus dem Geist des Positivismus

Maria Montessoris Studium und die Artikulation ihres überwiegend durch einen naturwissenschaftlichen Zugang charakterisierten pädagogischen Denkens fällt in eine Zeit des Umbruchs, der nicht nur durch politische und soziale, sondern vor allem durch das Aufblühen der modernen Naturwissenschaften heraufbeschworenen Paradigmenwechsel in der Wissenschaft gekennzeichnet ist. Der von David Hume und Auguste Comte begründete Wissenschaftspositivismus wird zur dominanten Wissenschaftstheorie, ganz besonders im Italien nach der nationalen Einigung. Mit seinem *Dreistadiengesetz*, das die geschichtlichen und systematischen Entwicklungsstufen menschlicher Erkenntnis von der Theologie über die Metaphysik zur positiven Wissenschaft nachzeichnet, läutet Comte das Zeitalter empirischer Forschung und die Befreiung des menschlichen Geistes aus der Bevormundung durch Theologie und spekulative Philosophie ein.

Das Entstehen und Aufblühen der modernen Naturwissenschaften im Laufe des 19. Jahrhunderts führte nicht nur zu einem geradezu euphorischen Fortschritts- und Machbarkeitsglauben, sondern auch zu einer zunehmenden Verwissenschaftlichung und Rationalisierung menschlicher Lebenspraxis, die auch vor dem Bereich der Erziehung und Bildung des Menschen nicht Halt machte.

Die wissenschaftliche Erkenntnis zielt zunehmend auf ein technisch anwendbares Verfügungswissen, das im Dienst des kulturellen Fortschritts und einer sukzessiven Verbesserung menschlicher Lebensverhältnisse steht. Die Wissenschaft reduziert sich, so die treffende Analyse Helmut Schelskys, zu einer rein »analytisch-synthetischen Gegenstandswissenschaft«, deren Erkenntnis in die technologische Beherrschung des Gegenstandes mündet. Der enge Zusammenhang von wissenschaftlicher Erkenntnis und technischer Anwendung »liegt in der Natur dieses Erkenntnisprozesses selbst, das heißt, indem die Wissenschaft in ihrer Erkenntnismethode bereits Technik ist, wird sie in ihrem Wesen zugleich Praxis im Sinne der planmäßigen Veränderung und Beherrschung des Gegenstandes«[2].

Die Methoden positiver Wissenschaft beschränken sich nicht länger nur auf die Natur, sondern werden zunehmend auch auf den sozialen und moralischen Bereich des Menschen angewendet. Auf der Grundlage der *physique sociale* Auguste Comtes und der sozialstatistischen Erhebungen Adolphe Quetelets erhofft sich auch Montessori eine Neuordnung der Gesellschaft durch die positive Erforschung sozialer Gesetzmäßigkeiten und immanenter Mechanismen.[3]

Ein Vergleich mit dem von Auguste Comte in seiner *Rede über den Geist des Positivismus* entwickelten Grundgedanken einer positiven Philosophie zeigt, wie stark Montessori bis in einzelne Formulierungen hinein von diesem »Geist des Positivismus« beeinflusst war. In Comtes Schrift findet sich folgende Textstelle:

»Nachdem derartige vorbereitende Übungen von selbst die völlige Nichtigkeit der anfänglichen Philosophie – sei sie nun theologisch

---

2 Schelsky, H.: Einsamkeit und Freiheit. Idee und Gestalt der deutschen Universität und ihrer Reformen. Hamburg 1963, S. 190.

3 Selbstverständlich sind der Verfasserin jene christlich-weltanschaulich motivierten Versuche bekannt, Montessori vom Positivismusverdacht freizusprechen. Eine sachliche und ideologiefreie Lektüre ihrer Schriften und eine kritische Prüfung jener apologetischen Literatur wird freilich nicht an der Tatsache vorbeigehen können, dass Montessoris pädagogisches Denken zutiefst im Positivismus ihrer Zeit verwurzelt und von dieser Prägung nie freigeworden ist. Die hier vertretene Montessori-Interpretation ist daher kein Rückfall in veraltete Deutungen, sondern im Gegenteil eine notwendige Zurechtrückung weit verbreiteter Anschauungen.

oder metaphysisch – eigenen unklaren und willkürlichen Erklä-rungen bewiesen haben, verzichtet der menschliche Geist fortan auf absolute Forschungen, wie sie nur seiner Kindheit angemessen waren, und beschränkt seine Bemühungen auf das von da an rasch sich entwickelnde Gebiet der echten Beobachtung, der einzig möglichen Grundlage der wirklich erreichbaren und unseren tat-sächlichen Bedürfnissen weise angemessenen Erkenntnisse (...) Die reine Einbildungskraft verliert dann unwiderruflich ihre alte geistige Vorherrschaft und ordnet sich notwendig der Beobachtung unter, sodass ein völlig normaler Geisteszustand herbeigeführt wird; nichtsdestoweniger leistet sie auch weiterhin den positiven Theorien einen ebenso wesentlichen wie unerschöpflichen Dienst, indem sie die Mittel endgültiger oder provisorischer Verbindung schafft oder vervollkommnet. Mit einem Wort, die grundlegende Revolution, die das Mannesalter unseres Geistes charakterisiert, besteht im Wesentlichen darin, überall an Stelle der unerreich-baren Bestimmung der eigentlichen Ursachen die einfache Erfor-schung von Gesetzen, d.h. der konstanten Beziehungen zu setzen, die zwischen den beobachteten Phänomenen bestehen (...) Seit-dem die ständige Unterordnung der Einbildungskraft unter die Beobachtung einstimmig als erste Grundbedingung jeder gesun-den wissenschaftlichen Theorie anerkannt worden ist, hat eine fehlerhafte Interpretation oft dazu geführt, dieses große Denk-Prinzip zu missbrauchen, um die wirkliche Wissenschaft zu einer Art unfruchtbaren Anhäufung zusammenhangloser Fakten ent-arten zu lassen, die kein anderes wichtiges Verdienst haben konn-te, als das der Genauigkeit im Detail. Es ist also wichtig, recht zu verstehen, dass der echte positive Geist im Grund vom Empiris-mus ebenso weit entfernt ist wie vom Mystizismus.«[4]

Mit Auguste Comte teilt Montessori die Beurteilung der spekulati-ven Philosophie und der Theologie als überholte Erkenntnisstadien des menschlichen Geistes und betont, dass sich das menschliche Er-

---

4   Comte, A.: Rede über den Geist des Positivismus. Übers. Eingeleitet und hrsg. von Iring Fetscher. Hamburg 1994, S. 15ff.

→ Theorie Praxis Problem bei
Montessori → Nur Praxis?

kenntnisstreben ausschließlich auf das zu richten habe, was ihm faktisch zugänglich ist, nämlich die exakte Beobachtung und der experimentierende Umgang mit der Wirklichkeit als einzig legitimer Grundlage wissenschaftlicher Erkenntnis. An mehreren Stellen hebt Montessori hervor, dass es weder der Philosophie noch der Theologie bislang gelungen sei, die drängenden Menschheitsprobleme in intellektueller und moralischer Hinsicht zu lösen. Eine jede wissenschaftliche Forschung und ihre Ergebnisse stehen aber, und auch da führt Montessori den Gedanken Comtes konsequent weiter, im Dienst des menschlichen Fortschritts und der sich daraus ergebenden Notwendigkeit einer Neuordnung der Gesellschaft.

An die Stelle philosophischer Spekulationen über die ersten Ursachen tritt eine rationale Positivität, die sich auf die möglichst exakte Formulierung überprüfbarer Gesetzmäßigkeiten beschränkt. Das von Comte formulierte allgemeine »Denk-Prinzip«, das der Erkenntnis den Weg von der empirischen Beobachtung über die Formulierung synthetischer Urteile zur technischen Anwendung weist, bildet auch für Montessori das grundlegende Schema wissenschaftlicher Erkenntnis. Die positive Philosophie steht damit im Dienst eines technologischen Zugriffs auf die Wirklichkeit.

Über das bloße Sammeln und Anhäufen zusammenhangloser empirischer Daten und detaillierter Einzelkenntnisse hinaus wird ein Zugewinn an Erkenntnis und ein damit verbundener Fortschritt der Wissenschaft an die reproduktive Einbildungskraft im Sinne einer synthetischen Verstandesleistung gebunden, die es erlaubt, durch die logische Verknüpfung empirischer Beobachtungen und die Rekonstruktion vorgefundener Gesetzmäßigkeiten im Erkenntnisprozess voranzuschreiten.

So formuliert Montessori: »Die schöpferische Einbildungskraft der Wissenschaft gründet sich auf die Wirklichkeit (…) Das bedeutet, dass sich die Einbildungskraft der modernen Menschen auf den positiven Untersuchungen der Wissenschaft aufbaut; während unsere Vorfahren ihren Geist in der Welt des Irrealen schweifen ließen. Diese Tatsache allein hat das Gesicht der Welt verändert.«[5]

5 Montessori, M.: Schule des Kindes, S. 223.

Ein wissenschaftlicher Zugriff auf die Wirklichkeit wird durch die Imaginationskraft menschlicher Intelligenz ermöglicht, die die Sinneseindrücke nicht nur »gleichsam fotografisch in den Geist aufnimmt«, sondern als äußere Anstöße für die Hervorbringungen der produktiven Einbildungskraft nutzt. Dank der Imagination, die über die sinnliche Wahrnehmung hinausgreift, kann der Wissenschaftler nicht nur Geschehnisse im Gedanken rekonstruieren, sondern auch weitere Verlaufsformen vorwegnehmen. Diese menschliche Fähigkeit ist der entscheidende Impuls für das Voranschreiten aller Wissenschaften und Entdeckungen.

Der Wissenschaftler gewinnt seine neuen Erkenntnisse nicht aufgrund positiver Einzelforschung, sondern durch »philosophische Synthesen des Denkens«, die allein den Anspruch auf Wissenschaftlichkeit erheben können. Die Methoden der exakten empirischen Forschung sind im Wissenschaftsverständnis Montessoris analog zum Alphabet lediglich Werkzeuge, deren Handhabung man genau verstehen muss, um in der Natur lesen zu können. Doch genauso wenig wie die rein mechanische Kenntnis des Alphabets den Leser befähigt, mit Hilfe von Zeichen die Gedanken des Schriftstellers zu erfassen, genauso wenig wird auch der Forscher allein durch den »Experimentalmechanismus« den »Geist der Natur« erkennen.

Durch die Rückbindung der reinen Imagination an die empirische Beobachtung wird nach Comte ein »völlig normaler Geisteszustand« ermöglicht. Dieser Gedanke findet sich nahezu identisch bei Maria Montessori. Die positive Wissenschaft ermöglicht die lang ersehnte »Erlösung des Denkens« und leistet durch die genaue Methode der Beobachtung, Behutsamkeit und Geduld die *Normalisierung* des Denkens durch die Bindung an die konkret erfahrbare Wirklichkeit. In ihrer *Schule des Kindes* warnt Montessori vor einer abnormen Intelligenz, die sich »systematische Wahnvorstellungen aufbaut« und diese als »philosophische Prinzipien« formuliert. Die betroffenen Menschen werden durch ihre mangelnde Produktivität zu einer »abseitsstehenden, außersozialen Gruppe«[6].

---

6   Montessori, M.: Schule des Kindes, S. 262.

Von daher fordert Montessori, dass die Methode der positiven Wissenschaft zur »bildenden Methode der neuen Generation« wird, an der grundsätzlich alle Menschen teilhaben sollen und können, da sie »den geheimen Bedürfnissen, den innersten ihres geistigen Lebens« entspricht.[7]

Diese Befreiung des Denkens und Forschens aus den Fesseln fruchtloser und praxisferner Spekulation und die Rückbindung der Erkenntnis an die positive Forschung der modernen Wissenschaft konnte nicht nur das »Gesicht der Welt« maßgeblich verändern, sondern verlieh auch dem menschlichen Denken eine völlig neue Qualität, nämlich die einer sich der göttlichen Schöpfungsmacht annähernden »erschaffenden Kraft«.

> »Als sich der Mensch in bloßen Spekulationen verlor, blieb seine Umwelt unverändert; aber als die Einbildungskraft vom Kontakt mit der Wirklichkeit ausgehen konnte, begann das Denken Werke aufzubauen, aufgrund deren sich die äußere Welt allmählich veränderte (…) Auf diese Weise scheint der Mensch göttliche Eigenschaften widerzuspiegeln.«[8]

Durch das Ineinander von empirischer Naturerkenntnis und poietischer Gestaltungskraft bringt der Mensch auf der Grundlage der zuvor erkannten Naturgesetze die »Supra-Natur« als spezifischen Lebensraum des Menschen hervor.

Im Verständnis Montessoris kann nicht nur eine intellektuelle Beförderung und eine soziale Reorganisation der Gesellschaft, sondern auch eine Reform der Erziehung und Bildung des Menschen nur auf der Grundlage einer durch die positive Forschung ermittelten Naturgesetzmäßigkeit und damit, wie wir noch zeigen werden, nur aufgrund einer kosmischen Schöpfungsordnung erfolgen. Die »Erlösung der Intelligenz« ermöglicht gleichzeitig die intellektuelle und soziale Emanzipation des Menschen von politischen Doktrinen und religiösen Ideologien und verspricht die Lösung des drän-

7   A.a.O., S. 226.
8   A.a.O., S. 223f.

genden sozialen Problems der individuellen Freiheit. Wirklich frei kann für Montessori nur der Mensch sein, der aufgrund einer fundierten Verstandesbildung und durch die Aneignung ausreichender Sachkenntnisse zu einer eigenen Urteilskraft gelangt ist. Freiheit setzt Bildung voraus. Das »fundamentale Recht auf Bildung« muss daher die Basis einer gerechten Gesellschaftsordnung bilden, von daher fordert Montessori:

> *»Alle Menschen müssen zu der wissenschaftlichen Methode zugelassen werden; jedem Kind muss die Möglichkeit gegeben werden, direkt zu experimentieren, zu beobachten und sich in den Kontakt mit der Wirklichkeit zu setzen. Dann beginnen die Flügel der Einbildungskraft bereits von einer höheren Ebene; und die Intelligenz wird auf ihre natürlichen schöpferischen Wege geführt.«*[9]

Die Rückbindung der Imagination an die exakte Beobachtung der Wirklichkeit fordert Montessori nicht nur für die reproduzierende und rekonstruierende Einbildungskraft des Wissenschaftlers, sondern in besonderem Maße auch für die produktive Leistung des Künstlers, der sich wie der Wissenschaftler den Stoff zur Schaffung seiner Kunstwerke durch die Sinne und die genaue Beobachtung der Wirklichkeit geben lassen muss. Eine »creatio ex nihilo« kommt allein Gott zu, während es bislang noch keinem menschlichen Genie gelungen ist, etwas völlig Neues zu erschaffen. Die Genialität eines Kunstwerkes besteht daher lediglich in einer vom Künstler innovativ geleisteten »Komposition des Materials«, das er zuvor mit den Sinnen aus der Umgebung aufgenommen hat. Der ästhetische Wert eines Kunstwerkes bemisst sich, analog zur gedanklichen Konstruktion des Wissenschaftlers, für Montessori nach dem Grad der Übereinstimmung zwischen der schöpferischen Imagination des Künstlers und den Formen der äußeren Welt und damit zwischen seiner Vorstellungskraft und der Beobachtung der Wirklichkeit. Maß und Gestalt, die der Künstler

9   A.a.O., S. 226.

durch die exakte Beobachtung der Wirklichkeit gewinnt, verleihen seiner geistigen Schöpfung Ausdruck und ästhetische Schönheit.[10]

Sowohl bei der logischen Rekonstruktion der Wirklichkeit durch den Verstand als auch bei der ästhetischen Wiedergabe im Kunstwerk sind die »Fähigkeit, genau die wirklichen Dinge wahrzunehmen«, und »die Fähigkeit organischen Aufbaus durch den Geist« unlösbar miteinander verbunden.

Die Originalität und Genialität eines Kunstwerkes ergibt sich aus der kunstvollen Zusammenfügung des wirklichen mit dem geschaffenen Bild durch den Künstler, der die rechte Verknüpfung durch seine »harmonievolle Begabung spürt«. Eine bloße Nachahmung fremder Vorstellungen wäre im ästhetischen Bereich ebenso wertlos wie für den Prozess der Erkenntnis. Ein Kunstwerk ist somit analog zu einer gedanklichen Konstruktion die »Frucht des Geistes«, der fest in der Beobachtung der Wirklichkeit steht.

Montessori entwickelt in ihrer *Schule des Kindes* eine rein im Positivismus verwurzelte Theorie des Ästhetischen, die sich an den biometrischen, statistischen und morphologischen Studien Adolph Quetelets orientiert.

Die Leitidee des »normalen Menschen« beherrschte das Denken nahezu aller von Montessori an entscheidender Stelle rezipierten Positivisten und bestimmte spätestens seit der Niederschrift ihrer eigenen *Pädagogischen Anthropologie* fundamental und durchgängig ihr pädagogisches Denken.[11] Der belgische Mathematiker und Sozialstatistiker Adolphe Quetelet (1796–1874) hatte aus der Vielzahl empirischer Einzeldaten den »Durchschnittsmenschen« ermittelt, der nach äußerer Erscheinung, Intelligenz und moralischem Verhalten die »mittlere Gestalt« des Menschen repräsentierte. Für Quetelet ist dieser »homme moyen« der Inbegriff von intellektueller, sittlicher, sozialer und vor allem auch von ästhetischer Voll-

---

10 A.a.O., S. 230f.
11 Ich beziehe mich im Folgenden auf die in der Regel sehr zuverlässigen Ausführungen von Böhm, W.: Maria Montessori. Hintergrund und Prinzipien ihres pädagogischen Denkens. Bad Heilbrunn [2]1991, S. 103f.

kommenheit. Montessori greift diese Idee des mittleren Menschen als Idealvorstellung auf und gewinnt mit ihm die Möglichkeit, die normale Form des Menschen von möglichen Abweichungen klar zu unterscheiden. In ihren anthropologischen Überlegungen erhebt Montessori diesen Begriff des *uomo medio* zum Grundbegriff der *Pädagogischen Anthropologie*.

Das Ästhetische ist für Montessori das Normale und Gesunde. Der Durchschnittsmensch wäre demnach so vollkommen gebaut, dass er über keinerlei morphologische Anlagen für organische Krankheiten verfügt. Der von Quetelet biometrisch ermittelte normale Mensch entsprach in verblüffender Weise dem griechischen Schönheitsideal, wie es in den griechischen Statuen zum Ausdruck kommt. Daraus folgert Montessori, dass die griechischen Künstler nicht nur die Durchschnittsmaße aller Organe intuitiv erfassten, sondern gleichzeitig über ein ästhetisches Gefühl verfügten, das sie klar zwischen dem, »was den Sieg des Lebens umschloss«, und den Fehlern der Natur, »die für die Krankheiten disponieren«, unterscheiden ließ.[12] Die geringste Abweichung vom Mittelmaß wird dabei unmittelbar als Disharmonie empfunden. Die ästhetische Erziehung kommt im Verständnis Montessoris »einer mathematischen Annäherung an den absoluten Mittelwert gleich«, und Montessori folgert weiter: »dem wirklichen Ebenmaß kann man sich unendlich nähern, und je mehr wir uns ihm nähern, um so mehr ist es uns möglich, ein absolutes Vergleichsmaß zur Bestimmung der Abweichungen zu gewinnen.«[13] Diese Vorstellungen Montessoris schlagen sich in der ästhetischen Gestaltung sowohl der pädagogisch vorbereiteten Umgebung als auch der didaktischen Materialien nieder, die in sich diese ästhetische Theorie verkörpern. Jede Abweichung von einer mathematisch konstruierten Ordnung wird dabei als Disharmonie gesehen. Eine Erziehung, die sich als intellektuelle, moralische und ästhetische Hygiene versteht, wäre in der Lage, den normalen Menschen hervorzubringen, der in idealtypischer Form die Idee des Ästhetischen verkörpert.

---

12 Montessori, M.: Schule des Kindes, S. 317.
13 A.a.O.

In einem im Jahre 1906 in Rom gehaltenen Kongressvortrag über Fragen der Sexualmoral bezieht sich Montessori ausdrücklich auf die Theorie Quetelets. Dort heißt es:

> »Die Pädagogische Anthropologie befasst sich heute mit dem Problem des mittleren Menschen. Der gewaltige Fortschritt der Biometrie, der sich in letzter Zeit besonders in England, aber auch in Italien dank der Arbeit berühmter Wissenschaftler ergeben hat, macht es möglich, den Menschen nach mathematischen Gesetzen so zu rekonstruieren, wie er wohl in einer Umgebung frei von Schuld und ganz nach der unverfälschten Natur und ohne Mangel hervorgebracht worden wäre. Die Masse und Körperproportionen entsprechen genau denjenigen, welche die griechische Kunst in ihren Statuen verewigt hat. Wir könnten also große Künstler in einer zukünftigen Welt werden und Former vollkommener menschlicher Schönheiten, und zwar nicht aus Marmor, sondern in lebendigem Fleisch. Dieser Typ des mittleren Menschen, der sich in einer reinen Umwelt entwickelt hat, wäre auch seelisch vollkommen, er könnte das Ideal der Sexualethik darstellen, das Symbol der Vervollkommnung unserer Art, den Idealtypus, den wir stets vor Augen haben sollen, um ihn zeitlos nachzuahmen und ihm gleich zu werden.«[14]

Die Theorie des »homme moyen« beeinflusste in entscheidendem Maße Montessoris Idealvorstellung des »normalisierten Kindes«, das in einer pädagogisch vorbereiteten »hygienischen Umgebung« alle von Montessori erwünschten Charaktereigenschaften wie Intelligenz, Disziplin, soziales Verhalten, Anmut und kultivierte Umgangsformen zeigt.

---

14 Montessori, M.: La morale sessuale nell'educazione. Sonderdruck Rom 1908; deutsch u.d.T.: Die Sexualmoral in der Erziehung. In: Böhm, W. (Hrsg.): Maria Montessori. Texte und Gegenwartsdiskussion. Bad Heilbrunn [5]1996, S. 104–114.

Als Fazit können wir festhalten, dass sich jede »höhere« Intelligenzleistung des Menschen im Verständnis Montessoris auf die Fähigkeit der rezeptiven Wahrnehmung der Wirklichkeit und der Konstruktion eines logischen Zusammenhanges zwischen den wahrgenommenen Phänomenen beschränkt.

Daraus ergibt sich konsequenterweise die zentrale Bedeutung der Sinnesschulung für die Erziehung des Kindes. Sofern die sinnliche Wahrnehmung die Basis sowohl für die intellektuelle als auch für die ästhetische Bildung des Menschen darstellt, muss die Erziehung mit der Sinnesschulung beginnen und das Kind im Laufe seiner Entwicklung zu einer immer feineren und differenzierteren Wahrnehmung seiner Umgebung anregen.

Dies ist jedoch nur ein Moment der von Montessori angestrebten und durch die veränderte gesellschaftliche Situation dringend notwendigen Reform der Erziehung.

Die durch den industriellen und technischen Fortschritt heraufbeschworenen rasanten Veränderungen der Gesellschaft haben zu einer neuzeitlichen Krise des Selbst- und Weltverständnisses des Menschen geführt und ihn mit neuen sozialen und psychologischen Problemen konfrontiert, die Montessori klar erkannt hat und einer neuen Erziehung und Bildung des Menschen zur Lösung aufgibt. Die moderne technologische Zivilisation habe, so die bilanzierende Analyse Montessoris, gegenüber dem Menschen eine bedrohliche Eigendynamik entwickelt, der er machtlos ausgeliefert zu sein scheint. Den Grund für die »Hilflosigkeit des Menschen« gegenüber seiner Umwelt sieht Montessori in einem »gefährlichen Gegensatz« zwischen dem immer rascher verlaufenden äußeren Fortschritt der materiellen Welt und einer immer »tiefer greifenden Erstarrung des menschlichen Geistes«. Mit anderen Worten: Der Mensch konnte in seiner inneren intellektuellen, sozialen und moralischen Entwicklung der zunehmenden Dynamik des äußeren technischen Fortschritts nicht standhalten und droht nun zu einem Opfer der von ihm selbst geschaffenen Umwelt zu werden. Er hängt, so Montessori, »blind und unbewusst ab von Umständen, die er selbst auf der Erde geschaffen hat ...«[15] Die größte Bedrohung der Menschheit sieht Montessori in ihrem intellektuellen und sozialen Entwicklungsrückstand und einer daraus resultierenden Ohnmacht gegenüber der von den Menschen selbst geschaffenen Lebenswelt.[16]

Diese Analyse veranlasst Montessori zu einer scharfen Kritik am bestehenden Bildungssystem und zu der Forderung nach einer »neuen«, lebenspraktisch orientierten Erziehung. Schließlich habe es die »alte« Erziehung versäumt, den Menschen in entsprechender Weise darauf vorzubereiten, seine Umwelt zu beherrschen.

Erklärtes Ziel der »neuen« Erziehung muss daher die poietische »Neugestaltung« des Menschen im Einklang mit der von ihm hervorgebrachten und gestalteten Kultur sein. Montessoris Kritik verdichtet sich in dem Satz:

> »*Es wurde nicht die veränderte Persönlichkeit geschaffen, die sich selbst über alle Dinge stellt und die Vorteile aller äußeren Errungenschaften zu ihrem Wohle benutzt.*«[17]

Während sich der technologische Zugriff der Wissenschaft, den Montessori uneingeschränkt begrüßt, bislang nur auf die äußere Natur bezogen hat, wird nun der Mensch selbst Gegenstand der wissenschaftlichen Forschung und der technischen Gestaltung. Die positive Wissenschaft soll sich nicht mehr länger nur auf die Erforschung und technische Bearbeitung der Natur (Industrietechnik) beschränken, sondern sie soll in zunehmendem Maße auch die soziale Organisation (Sozialtechnik) und selbst die Veränderung und Beherrschung des einzelnen Menschen (Humantechnik) in den Griff nehmen.[18] Der Mensch ist sich selbst, um noch einmal Schelsky zu Wort kommen zu lassen, »in dieser wissenschaftlichen Zivi-

15 Montessori, M.: Kosmische Erziehung, S. 25.
16 Montessori, M.: Über die Bildung des Menschen, S. 27f.
17 Montessori, M.: Schule des Kindes, S. 190.
18 Vgl. hierzu die präzise Analyse des neuen Wissenschaftsverständnisses von Helmut Schelsky in: Einsamkeit und Freiheit. Idee und Gestalt der deutschen Universität und ihrer Reformen. Hamburg 1963, S. 218.

lisation als soziales und seelisches Wesen eine technisch-wissenschaftliche Aufgabe der Produktion geworden«.[19]

Die neue und zeitgemäß fortschrittliche Pädagogik im Sinne einer technologischen Erziehungswissenschaft zielt auf die Gewinnung eines operationalen, anwendbaren Fachwissens und zugleich auf eine technische Inszenierung von erzieherischer Praxis.[20] Konsequenterweise fordert Montessori daher:

> *»Die Basis der in unseren Tagen notwendigen pädagogischen und sozialen Reform muss durch ein wissenschaftliches Studium des unbekannten Menschen gelegt werden.«*[21]

Die »Sorge und Aufmerksamkeit« der wissenschaftlichen Forschung muss sich in Zukunft auf das menschliche Individuum und die Erkenntnis immanenter Gesetzmäßigkeiten seiner geistigen Entwicklung konzentrieren, das heißt: Der Mensch muss sich selber als Forschungsgegenstand in den Blick nehmen und das »in Dunkel gehüllte Gebiet des menschlichen Geistes« wissenschaftlich erforschen.[22]

Genuiner Gegenstand einer neu zu konstruierenden pädagogischen Psychologie wird die Enthüllung der bislang verborgenen wahren Natur des Kindes und die wissenschaftliche Gewinnung immanenter Gesetzmäßigkeiten seiner natürlichen Entwicklung sein, die dem Erzieher »Techniken« für die systematische Formung des neuen Menschen an die Hand gibt und den Weg für eine manipulative Beherrschung kindlicher Entwicklung ebnet.[23]

> *»Dann kann, wie die Biologie die Weise der Beherrschung des Lebens aufzeigte, des Gebrauchs seiner verborgenen Energien, und so*

19 A.a.O.
20 Vgl. zur Unterscheidung von Erziehung als Praxis und Poiesis Böhm, W.: Theorie und Praxis. Eine Einführung in das pädagogische Grundproblem. Würzburg ²1995, S. 66f.
21 Montessori, M.: Über die Bildung des Menschen, S. 20.
22 Montessori, M.: Über die Bildung des Menschen, S. 18.
23 Montessori, M.: Frieden und Erziehung, S. 34.

neue in der rohen Natur unbekannte Blumen und Früchte erzeugte, **in derselben Weise ein neuer und vollkommenerer Mensch in künftigen Generationen hervorgebracht werden.**«[24]

Mit allem Nachdruck erhebt Montessori die eher befremdlich wirkende Forderung nach einem »Ministerium für menschliche Entwicklung«, das sich in Analogie mit der »Agrikultur« mit der »Homokultur« zu befassen hat. War es durch den Einzug der wissenschaftlichen Forschung in die Landwirtschaft gelungen, neue und ertragreichere Pflanzen zu züchten, so soll nun durch die neue und wissenschaftlich fundierte Erziehung der kraftvolle, intelligente und kultivierte Mensch hervorgebracht werden.[25]

Nur eine umfassende und im Geiste der modernen Wissenschaft durchgeführte Erziehungs- und Bildungsreform kann die gefährliche neuzeitliche Krise überwinden.

Erhoffte sich Auguste Comte die Vervollkommnung des Menschen durch die gezielte Förderung all jener Eigenschaften, die den Menschen vom Tier unterscheiden: nämlich seine Intelligenz und seine Soziabilität, so stellt auch Montessori in das Zentrum ihres neuen »universalen Lehrplanes«, ganz im Sinne dieser positivistischen Weltsicht, »neue Formen intellektueller Bildung« und die Erweckung neuer altruistischer »Gefühle der Menschlichkeit«, die das »veränderte und von den Fesseln der Unwissenheit, der Schwäche, der psychischen Deviation und der Ignoranz befreite« Kind hervorbringen sollen.

Die zunehmende Dominanz von Wissenschaft und Technik in der modernen Kultur erfordert eine neue intellektuelle Bildung, die nicht länger nur für akademische Berufe, sondern nahezu für jeden Bereich menschlicher Lebenspraxis von Belang ist. Hinter dem modernen Landwirt beispielsweise steht für Montessori der Wissenschaftler, dem es durch die wissenschaftliche Aufklärung ge-

24 Kosmische Erziehung, S. 26 (Hervorhebung vom Verfasser).
25 Das Ministerium für menschliche Entwicklung. In: Böhm, W. (Hrsg.): Maria Montessori. Texte und Gegenwartsdiskussion. Bad Heilbrunn [5]1996, S. 17.

lungen ist, seine agrarwirtschaftlichen Produktionen um ein Vielfaches zu erhöhen: »Der moderne Bauer, der die Verschiedenartigkeiten der Blumen und Früchte vervielfältigt, die Wälder urbar macht, der (...) das Angesicht der Erde ändert, gewann die technischen Prinzipien hierfür aus der Wissenschaft, nicht aus Gewohnheiten (...) Die Wissenschaft regte eine neue Technik an, der wissenschaftliche Mensch gab den Anstoß, eine wirkliche Supra-Natur zu bauen, die fantastisch reicher ist als das, was wir gegenwärtig die wilde Natur nennen.«[26]

Gleiches gilt natürlich auch für den Pädagogen, der die Prinzipien seines erzieherischen Handelns weder aus Gewohnheit noch aus Erfahrung, sondern allein aus der wissenschaftlichen Theorie zu gewinnen vermag. Die These, Montessori hätte ihre Pädagogik aus der praktischen Erfahrung gewonnen, ist angesichts ihrer entschiedenen Forderung nach wissenschaftlicher Aufklärung für alle Bereiche menschlicher Praxis und erst recht für den Bereich der Erziehung und Bildung des Menschen doch sehr fraglich.

Der Erkenntnisfortschritt innerhalb der positiven Naturwissenschaft beruht in erster Linie auf der exakten und differenzierten Beobachtung der Wirklichkeit und daraus gewonnenen einfachen logischen Schlussfolgerungen. Wir müssen also, so Montessori, »die neue Generation auf diese Haltung vorbereiten, die sich als Form des modernen bürgerlichen Lebens als unbedingt notwendiges Mittel erweist, um unseren Fortschritt weiterhin wirksam zu fördern«[27].

In der Weckung und systematischen Ausbildung einer wissenschaftlichen Haltung und entsprechender Tugenden wie etwa präzise und exakte Wahrnehmung, geduldige Beobachtung und disziplinierte Arbeitshaltung sieht Montessori ein zentrales Ziel der Erziehung und Bildung des Kindes. Dieser Gedanke hat bei Montessori eine geradezu fundamentale Stellung. So sagt sie über die für sie grundlegende Sinneserziehung:

26 A.a.O., S. 19.
27 Montessori, M.: Die Entdeckung des Kindes, S. 160f.

> *»Wenn sie Menschen formt, die beobachten, dann erfüllt die Erziehung der Sinne nicht nur eine allgemeine Pflicht, die Zivilisation unserer Epoche anzupassen, sondern sie bereitet unmittelbar auf das praktische Leben vor.«*[28]

Die systematische Schulung und Vervollkommnung der Sinne sowie eine zunehmende Differenzierung der sinnlichen Wahrnehmung bildet für Montessori die Grundlage für jede weitere Förderung intellektueller Bildung. Von daher soll mit der Sinneserziehung bereits im Kinderhaus methodisch begonnen werden, um sie während der Periode des schulischen Unterrichts weiter zu fördern und zu vervollkommnen.

In kognitiv-intellektueller Hinsicht geht es für Montessori bei der Erziehung um eine Verwirklichung der »Ökonomie der Zeit«, insofern sich die moderne industrielle Gesellschaft nicht länger auf einen »Respekt gegenüber dem Leben«, sondern vielmehr auf einen »Respekt gegenüber der Zeit« gründet. Montessori beklagt deshalb, dass der Mensch nicht im Einklang mit der rasanten technischen Entwicklung »methodisch beschleunigt« wurde. »Die Kinder dieser wirbeligen Umgebung sind keine neuen Menschen; sie sind nicht aktiver, flinker und intelligenter.«[29] Eine systematisch betriebene Effektivierung und Beschleunigung der kindlichen Intelligenzentwicklung erscheint ihr daher als das Gebot der Stunde.

Gegenüber dem radikalen Infragestellen des traditionellen christlichen Weltbildes durch die modernen Naturwissenschaften und gegen den sich als Folge davon stetig herausbildenden Pluralismus erstrebt Montessori die Wiedergewinnung der geistigen Einheit durch eine gezielte Gesinnungsbildung, mittels derer die Kinder und Jugendlichen auf eine gemeinsame kollektive Mission der Menschheit eingeschworen werden sollen. Den sozialen Fortschritt erhofft sich Montessori, wie wir in unserem Kapitel zur »Idee der organisierten Gesellschaft« noch näher erläutern werden, parado-

28 Die Entdeckung des Kindes, S. 161.
29 Schule des Kindes, S. 190.

xerweise durch den Rückschritt zu einer vormodernen kosmologischen Weltdeutung und einem Verständnis von sozialer Erziehung als einer sozialen Technologie, durch die alle jene sozialen Verhaltensstrukturen erzeugt und hervorgebracht werden sollen, die der Sicherung der neuen sozialen Organisation dienlich sind.

Soziale Erziehung steht bei Montessori unter dem Primat der Anpassung des Kindes an eine vorgefundene und durch die pädagogisch aufbereitete Umgebung repräsentierte soziale Ordnung, die in die vollständige soziale Integration des Individuums in eine organologisch gedachte Gemeinschaft mündet.

> *»Bei der allgemeinen Erziehung verfolgen wir in der Tat zwei Ziele: ein biologisches und ein soziales. Das biologische besteht darin, die natürliche Entwicklung des Individuums zu unterstützen, das soziale, das Individuum auf die Umwelt vorzubereiten (hierunter fällt auch die Berufserziehung, die den Einzelnen lehrt, sich der Umwelt zu bedienen) (…) Beide Teile sind immer miteinander verflochten, doch – je nach dem Alter – herrscht der eine oder der andere vor.«*[30]

Die Erziehung verfolgt im Verständnis Montessoris über alle Entwicklungsstufen des Kindes hinweg stets ein biologisches und ein soziales Ziel, wenngleich eine unterschiedliche Gewichtung erfolgen kann. In der Phase der frühkindlichen Entwicklung erscheint das Kind geradezu wie ein »Egoist« oder Einsiedler, der sich, einem natürlichen Antrieb folgend, zunächst zurückzieht, um durch freie und spontane Aktivität seine körperlichen und geistigen Funktionen zu entwickeln und zu vervollkommnen, um sich danach bewusst der Gemeinschaft zuzuwenden und den Prozess seiner gesellschaftlichen Bildung zu beginnen.[31] Der wiederholt gegen Montessori erhobene Vorwurf des Individualismus ist insofern problematisch, als Montessori keinen Zweifel daran aufkommen lässt, dass die Entwicklung des Individuums nicht Selbstzweck ist, sondern

30 Die Entdeckung des Kindes, S. 159f.
31 Frieden und Erziehung, S. 56ff.

im Dienst einer Höherentwicklung der Gesellschaft steht: »indem wir dem Menschen gemäß seinen Entwicklungsstufen helfen, seinen eigenen natürlichen Gesetzen zu folgen«, verwirklichen wir eine vollkommene Gesellschaft.[32]

Einen Fortschritt der Pädagogik als Wissenschaft erhofft sich Montessori durch eine Orientierung an den Methoden der Experimentalwissenschaften, an deren Forschungsleistungen sich die Pädagogik in Zukunft auch zu messen hat. Entsprechend begrüßt es Montessori, »dass nun auch die Pädagogik, wie schon früher die Medizin, die Bahnen der bloßen Spekulation verlassen und sich auf die positiven Forschungsergebnisse der Erfahrung und des Experiments gründen will«[33].

Montessori versteht ihre Erziehungsmethode von daher als eine »erste Keimzelle der positiven Wissenschaft« und die von ihr gegründeten Kinderhäuser als »Laboratorien der Humanwissenschaft«. Die exakte wissenschaftliche Erforschung des Kindes und die induktive Gewinnung allgemeiner Gesetzmäßigkeiten seiner Entwicklung bilden die Grundlage der neuen wissenschaftlichen Pädagogik. »The new approach to education must be based on natural laws of development.«[34]

Die Pädagogik zwischen Experimentalwissenschaft und Mystizismus

Die italienische Pädagogik um die Jahrhundertwende entwickelte durch den scharfen Gegensatz zwischen Idealismus und Positivismus eine innere Dynamik, in die auch Maria Montessoris Bestrebungen um eine Neuformulierung der Pädagogik als Wissenschaft hineingezogen wurden.[35] Als die großen Wortführer des italie-

---

32 A.a.O., S. 57.
33 Montessori, M.: Selbsttätige Erziehung im frühen Kindesalter, S. 1.
34 Montessori, M.: What You Should Know About Your Child. Adyar 1948, S. 16.
35 Vgl. hierzu: Böhm, W./Flores D'Arcais, G. (Hrsg.): Die italienische Pädagogik des 20. Jahrhunderts. Stuttgart 1979, S. 15ff.

nischen Neoidealismus können vor allem Giovanni Gentile (1875–1944) und Benedetto Croce (1866–1952) angesehen werden, die wohl am schärfsten gegen den naturalistischen Monismus des Positivismus und seine rein mechanistische Auffassung des Lebens zu Felde zogen und die im Gegenzug die Idee der Subjektivität zu verteidigen suchten. Die unbestreitbaren Errungenschaften positiver Forschung, die zur Begründung und zum Ausbau der Humanwissenschaften wie Anthropologie, Psychologie und Soziologie führten, wurden durch die scharfe und teilweise undifferenzierte Kritik nicht oder nur eingeschränkt zur Kenntnis genommen. Auf der anderen Seite wurde die Geringschätzung empirischer Forschung von jenen heftig angegriffen, die sich die Erneuerung der Pädagogik gerade durch die positive Forschung und hier besonders durch die experimentelle Psychologie erhofften.[36]

Vor diesem Hintergrund und angesichts dieser wissenschaftstheoretischen Spannung entwickelt Maria Montessori ihre Vorstellungen einer neuen wissenschaftlichen Pädagogik, die sie gleichermaßen von einer idealistischen Begründung wie von der neuen, durch die experimentelle Psychologie geprägten »wissenschaftlichen Pädagogik« distanziert.

Ihre wissenschaftstheoretischen Überlegungen zu einer neuen Pädagogik finden sich in ihren ersten beiden Hauptwerken: *Il Metodo della Pedagogia Scientifica* und in ihrer *Antropologia Pedagogica*. Während sich ihr Grundlagenwerk *Il metodo* innerhalb kürzester Zeit zu einem pädagogischen »Bestseller« entwickelte und die weltweite Beachtung der Montessori-Methode ermöglichte, blieb die *Pädagogische Anthropologie* bis heute innerhalb der Montessori-Rezeption weitgehend unbeachtet. Während *Il Metodo* bereits im Jahre 1913 unter dem Titel: *Selbsttätige Erziehung im frühen Kindesalter* in deutscher Übersetzung vorlag und in kürzester Zeit eine Auflage von über 15.000 Exemplaren erreichte, fehlt bis heute eine deutsche Übersetzung der pädagogischen Anthropologie Maria Montessoris.

---

36 A.a.O., S. 27.

Winfried Böhm bezeichnet es zu Recht als eine »peinliche Lücke«, dass sich in Deutschland namhafte Autoren über die implizite und explizite Anthropologie Montessoris äußern, ohne ihre *Antropologia Pedagogica* und ihre grundlegende Bedeutung als geistesgeschichtlicher und wissenschaftstheoretischer Hintergrund für das pädagogische Denken Maria Montessoris zur Kenntnis zu nehmen. Die fehlende bzw. ungenügende Historisierung und damit kritische Relativierung des pädagogischen Denkens von Maria Montessori hat Christine Hofer in ihrer Dissertation über die pädagogische Anthropologie Montessoris vor allem darauf zurückgeführt, dass dieses wichtige Frühwerk in Deutschland kaum oder allenfalls sehr verkürzt rezipiert wurde.[37] Im Jahre 1910 in italienischer Sprache erschienen, enthält diese Publikation die Vorlesungen über pädagogische Anthropologie, die Maria Montessori von 1904 bis 1908 an der Universität Rom gehalten hat.[38]

Die *Pädagogische Anthropologie*, ein gewaltiges wissenschaftliches Werk und das Resümee ihrer breiten und intensiven Studien, enthüllt auf ebenso anschauliche wie unverkennbare Weise den erklärtermaßen naturwissenschaftlich orientierten Hintergrund des pädagogischen Denkens von Maria Montessori und offenbart ihre starke Verwurzelung im italienischen Positivismus des 19. Jahrhunderts. In diesen Vorlesungen setzt sich Montessori gleichermaßen mit physiologischen und morphologischen Studien über den Menschen und daraus abgeleiteten Idealvorstellungen, mit Ansätzen der experimentellen Psychologie, mit herausragenden Konzepten der Biologie und Evolutionstheorie und mit dem Gedanken der Sozialeugenik auseinander. Hofer kommt daher zu dem Schluss, dem sich auch diese Montessori-Darstellung anschließt, dass Montessoris pädagogisches Konzept nur in seinem historischen Kontext richtig zu verstehen ist. Die vielen Versuche der deutschen Rezepti-

---

37 Vgl. hierzu Hofer, C.: Die pädagogische Anthropologie Maria Montessoris – oder: Die Erziehung zum neuen Menschen. Würzburg 2001.

38 Die Vorlesungen über pädagogische Anthropologie aus den Jahren 1904–1908 erschienen erstmals 1910 in Mailand unter dem Titel: *Antropologia Pedagogica* und im Jahre 1913 in der englischen Übersetzung in New York. Eine deutsche Übersetzung liegt bislang noch nicht vor.

on, die Aktualität der Montessori-Methode in den Vordergrund zu stellen, erwecken den Anschein, »als seien die Kerngedanken der Montessori-Pädagogik zeitlos, als handle es sich in dem Sinne um eine klassische Pädagogik als sie fraglos eins in eins in die heutige Zeit übertragen werden könne. Dabei werden die ideengeschichtlichen Wurzeln meist geflissentlich übersehen. Hinsichtlich der *Antropologia pedagogica,* die kaum anders als unter historischem Gesichtspunkt heute noch lesenswert ist, taucht die Vermutung auf, dass die Nichtberücksichtigung dieses Werkes in der Rezeption letztlich Ausdruck einer Weigerung sein könnte, die Montessori-Pädagogik tatsächlich zu historisieren und sie damit in ihrer aktuellen Aussagekraft auch zu relativieren.«[39]

Das einigende Band der von Montessori für ihre Vorlesungen über pädagogische Anthropologie ausgewählten und dargestellten wissenschaftlichen Ansätze bildet die eindeutige Hinwendung zum Positivismus, sowohl hinsichtlich der Methode als auch der Wissenschaftstheorie. Sie zeigt auch, wie stark Montessori nicht nur von den heilpädagogischen Bemühungen der französischen Arzt-Pädagogen Itard und Seguin, sondern auch von den Ansätzen der positivistischen Anthropologie in der zweiten Hälfte des 19. Jahrhunderts geprägt wurde.

Bei der Ausformulierung ihres Programms einer wissenschaftlichen Pädagogik stützt sich Montessori explizit auf ihren Lehrer und Mentor Giuseppe Sergi, der sich eine vollkommene Erneuerung der Erziehung von der exakten wissenschaftlichen Erforschung des Zöglings durch die pädagogische Anthropologie und die Experimentalpsychologie erhoffte. Die empirischen Methoden zur Erforschung des Kindes wurden von Sergi selbst nur im Sinne einer Propädeutik verstanden, die noch nicht das eigentliche Geschäft der Erziehung charakterisieren. In seinem 1892 in Trevesini erschienenen wichtigen Buch *Educazione ed Istruzione* fasste Sergi seine Gedanken folgendermaßen zusammen:

39 Hofer, S. 11.

>*Seit vielen Jahren kämpfe ich für eine Idee, die ich desto mehr als richtig und nützlich für die Ausbildung und Erziehung des Menschen halte, je länger ich darüber nachdenke; dass wir nämlich, um natürliche Methoden zu gewinnen und diese Ziele zu erreichen, über zahlreiche exakte und rationale Beobachtungen des Menschen verfügen müssen, ganz besonders über seine Kindheit, in der die Grundlage für Erziehung und Bildung zu legen ist. Kopf, Größe usw. zu messen ist natürlich keine Pädagogik, sondern ein Mittel zum Zweck, weil man niemand erziehen kann, ohne ihn genau zu kennen.«*[40]

Sergis Reformbestreben wurde jedoch dahingehend missverstanden, dass man die Kunst zu erziehen und zu unterrichten mit der genauen Kenntnis des Kindes gleichsetzte und Sergis Forderung nach einem experimentellen Studium des Kindes mit der Erziehung selbst verwechselte. Dabei erlag man dem Trugschluss, durch die Einführung von Anthropometrie und Psychometrie eine dringend erforderliche Erneuerung des Schulwesens erreichen zu können. Dagegen wendet Montessori ein: Eine Erneuerung der Pädagogik kann nicht schon dadurch erreicht werden, dass man die Lehrer anleitet, »die anthropometrischen Maße zu nehmen, Instrumente zur Messung des Hautempfindlichkeitsvermögens zu benutzen und anamnetische Daten zu sammeln«.[41] Selbst die größte Sicherheit in der Handhabung der Messinstrumente und in der Experimentaltechnik charakterisiert noch nicht den echten Wissenschaftler. Montessori trifft von daher eine klare Unterscheidung zwischen einem bloßen »Mechanismus« des Wissenschaftlers, den er selbstverständlich beherrschen muss, und dem wahren »Geist« des Wissenschaftlers, der den reinen Mechanismus überwindet und danach trachtet, die Geheimnisse der Natur zu enthüllen, die »tiefgründigen Wahrheiten des Lebens« zu erforschen und dabei in sich eine geradezu leidenschaftliche Liebe zu

---

40 Die Entdeckung des Kindes, S. 4.
41 A.a.O., S. 5ff.

seinem Forschungsgegenstand entwickelt, über die er sich selbst vergisst.

>*»Wenn die wissenschaftliche Pädagogik in gewissem Sinne von Hygiene, Anthropologie und Psychologie ergänzt wird und auch teilweise die entsprechenden methodologischen Techniken anwendet, so beschränkt sich dies lediglich auf Einzelheiten über das Studium des zu erziehenden Individuums, also auf etwas, das parallel zu der völlig anders gearteten Aufgabe der Erziehung laufen soll und nur einen Nebenzweig der Pädagogik bilden kann.«*[42]

Montessori sieht ihren eigenen experimentalwissenschaftlichen Ansatz von daher in der sonder- und heilpädagogischen Forschungstradition der französischen Ärzte Itards und Seguins begründet. Edouard Seguin war es durch den Einsatz einer Reihe von sinnesaktivierenden und bewegungsfördernden Übungen gelungen, behinderte Kinder gezielt zu fördern und ihre geistige Entwicklung deutlich voranzubringen, und zwar »durch Heilung von Defekten, die das Individuum in einem Stadium von Unterlegenheit hielten (…) Dies ist wirklich grundverschieden vom einfachen Studium des Individuums durch experimentalpsychologische Tests. Letztere führen nur zur Feststellung der geistigen Persönlichkeit, verändern sie nicht und rühren nicht an die Erziehungsmethode.«[43]

Als zentralen Gedanken Seguins hebt Montessori hervor, dass er die Anwendung der »physiologischen Methode« auf die Erziehung normaler Kinder vorbereitet hat und somit eine »Regeneration der gesamten Menschheit ankündigte«.[44]

Die auf objektiver Forschung beruhende neue wissenschaftliche Erziehung wäre also – so die Hoffnung Montessoris – in der Lage, gewöhnliche Kinder tatsächlich zu verändern, »indem sie diese

---

42 A.a.O.
43 A.a.O., S. 28.
44 Die Entdeckung des Kindes, S. 35f.

Kinder über das normale Niveau hinaushebt und zu besseren Menschen macht«[45].

Angeregt von Itard und Seguin, bestärkt durch die Thesen Cesare Lombrosos, vor allem aber geleitet von dem medizinischen Begriff der Hygiene, schreibt sie in ihrer Pädagogischen Anthropologie:

> »*The study of congenital anomalies and of their biological and social origin, must undoubtedly form a part of pedagogical anthropology, in order to afford a positive basis for a universal human hygiene, whose sole field of action must be the school; but an even greater importance is assumed by the study of defects of growth in the normal man; because the battle against these evidently constitutes the practical avenue for a wide regeneration of mankind.*«[46]

In erklärter Analogie zu dieser medizinischen Hygiene muss die pädagogische Forschung zunächst die äußeren Ursachen sowohl für die biologisch begründeten als auch sozial verursachten Abweichungen von der normalen und gesunden Entwicklung des Individuums aufzeigen, um, so wie die medizinische Diagnose in die Therapie übergeht, in einem zweiten Schritt geeignete erzieherische Behandlungsmaßnahmen bereitzustellen. Montessori beruft sich dabei ausdrücklich auf den französischen Mediziner und Anthropologen Morel (1809–1873) und den italienischen Kriminalanthropologen Cesare Lombroso (1835–1909), die beide auf der Grundlage positiver Forschung einen wesentlichen Beitrag zur Lösung des sozialen Problems der Kriminalität geleistet haben, indem sie zunächst die äußeren Ursachen für kriminelles Verhalten untersuchten. Beide Wissenschaftler kamen zu der Überzeugung, dass der Verbrecher nicht an sich schlecht ist, sondern entweder aufgrund eines krankhaften Zustandes oder wegen seines sozialen Umfeldes zu kriminellen Handlungen getrieben wird. Der Verbrecher erscheint aus dieser Perspektive als Opfer einer mangelnden

45 A.a.O.
46 Pedagogical Anthropology, S. 37f.

Sexualhygiene nach der Theorie Morels und als schuldloses Produkt negativer sozialer Umweltfaktoren nach der Theorie Lombrosos. Nach Morel können sich bestimmte Degenerationserscheinungen auf die Nachkommen übertragen und sogar noch verschlimmern, bis sie in der zweiten oder dritten Generation in der »Endsterilität eines extrem degenerierten Individuums« erlöschen.[47] Montessori fordert daher entschieden eine äußerst strenge Sozialeugenik und die strikte Einhaltung einer sexuellen Hygiene, da für sie »die Rettung des individuellen Lebens« allein durch das »hygienische Leben der ganzen Menschheit« gewährleistet werden kann: »Der schöne, gesunde und fruchtbare Sohn oder der deformierte, krankhafte und unfruchtbare Sohn (…) diese Wahl liegt zum großen Teil bei uns. Die Hygiene der Zeugung ist die mächtigste moralische Hygiene (…) so ergibt sich die Rettung der Art durch die strenge Befolgung der Gesetze der Gesundheit und der Gesetze des Lebens. Alkoholismus, jede Art von Vergiftung, Überforderung, konstitutionelle Krankheiten, Vergeudung von Nervenkraft, Laster und Müßiggang sind alles Ursachen von Degeneration.«[48]

Durch diese und ähnliche Forschungen wurden nicht nur die Verbrecher ihrer moralischen Verantwortung weitgehend enthoben, sondern die Gesellschaft wurde zwangsläufig immer mehr zum Zielpunkt der Kritik. Aus der Sicht des Verbrechers als eines Opfers sozialer Ursachen kommt Montessori zu dem Schluss, wir, das heißt die Gesellschaft, müssten uns der vom geschädigten Individuum begangenen Schuld anklagen und mit allen Kräften eine Regeneration der gesellschaftlichen Umstände in Angriff nehmen.

So, wie nicht die Therapie der einzelnen Symptome eines individuellen Kranken das Aufgabenfeld der Medizin erschöpfen kann, sondern deren letztes Ziel eine allgemeine Hygiene ist, erscheint ihr auch im pädagogischen Horizont die Aufgabe der Erziehung nicht darin aufzugehen, einzelne Verhaltensweisen individueller Kinder zu modifizieren, sondern die »Normalität« der gesamten nach-

---

47 Vgl. die ausführliche Darstellung der anthropologischen Theorien durch Montessori in: Schule des Kindes, S. 261ff.
48 A.a.O., S. 263.

wachsenden Generation durch eine Art »hygienischer Pädagogik« sicherzustellen und zu gewährleisten.

Dementsprechend zieht sich der Gedanke einer der medizinischen Hygiene nachgebildeten soziopsychischen Hygiene wie ein roter Faden durch das gesamte Werk Maria Montessoris hindurch. Dieser Gedanke bestimmt sowohl Montessoris Denken im Allgemeinen als auch ihr Forschungsbemühen im Besonderen, dem es darum geht, die krank machenden Faktoren des einzelnen Kindes und der menschlichen Gesellschaft zu ermitteln. Dass dieses Denkmuster bei Montessori so grundlegend durchschlägt, kann nicht verwundern, wenn man ihre medizinische Ausbildung und das Gewicht berücksichtigt, das medizinische Autoren auf die Artikulation ihrer pädagogischen Theorie und ihrer Erziehungsmethode ausgeübt haben.

Nach Auguste Comtes Bestimmung des »positiven Geistes« ist die wissenschaftliche Erkenntnis von reiner Empirie ebenso weit entfernt wie vom Mystizismus. Während sich die rein empirische Forschung im Sammeln detaillierter Einzelerkenntnisse erschöpft, verliert sich das »mystische« Denken in leerer, praxisferner Theorie.

Genau auf diesem Gedanken Comtes basiert Montessoris ganzes Unternehmen einer neu zu begründenden Pädagogik im Sinne der positiven Wissenschaft. »It is our duty to learn the truth in the book of nature; 1. By collecting seperate facts, according to the objective method; 2. By proceeding methodically from analysis to synthesis. The subject of our research is the individual human being (…) In gathering the seperate data, it may be said that we have learned how to spell, but not yet how to read und interpret the sense. The reading must be accomplished with broad, sweeping glances, and must enable us to penetrate in thought into the very synthesis of life (…) In this way we may rise from the agrid and fatiguing gathering of analytical data, towards conceptions of noble grandeur, towards a positive philosophy of life; and unveil certain secrets of existence, that will teach us the moral norms of life. Because, unquestionable, we are immoral, when we disobey the laws of life; for the triumphant rule of life throughout the universe is what constitutes our conceptions of beauty and goodness and truth – in short, of divinity.«[49]

Analog zur naturwissenschaftlichen Forschung hat auch die pädagogische Anthropolgie durch die empirische Forschung das »Buch der Natur zu lesen« und induktiv von der Analyse zur Synthese voranzuschreiten. Das wissenschaftliche Arbeiten kann sich, wie für Comte so auch für Montessori, nicht im Erfassen und Sammeln analytischer Daten erschöpfen, sondern zielt auf eine »synthetische Sicht des Lebens« im Sinne einer positiven Philosophie, die Maria Montessori in ihren späteren Schriften unter dem Namen einer »kosmischen Theorie« vorträgt und zur theoretischen Begründung ihrer Vorstellungen von der Erziehung und Bildung des Menschen heranzieht. Die durch das Zusammenwirken von empirischer Forschung und synthetischer Deutung gewonnenen Naturgesetze sind nach Montessoris Deutung göttlichen Ursprungs. Sie erhalten nicht nur die Natur in einem geordneten Gleichgewicht, sondern bestimmen als »triumphale Gesetzmäßigkeiten« des gesamten Universums auch die menschlichen Vorstellungen von Schönheit, Gutheit, Wahrheit und selbst von Gott. Es scheint so, als bewege sich Montessori auf der Höhe des Positivismus. Tatsächlich jedoch bleibt sie auf einem früheren Erkenntnisstadium (im Comteschen Sinne) stehen.

Mit dem Hinweis auf den göttlichen Ursprung der Naturgesetze und damit der Annahme einer göttlichen Schöpfungsordnung verharrt Montessori nach dem Denkmuster Comtes in einem von der positiven Wissenschaft bereits als überwunden geglaubten metaphysischen Stadium einer religiösen Naturdeutung, einem Denkmuster, das zwar einerseits einer religiösen Spekulation verhaftet bleibt, andererseits jedoch vorgibt, durch den Rückgriff auf die naturwissenschaftliche Forschung dem Anspruch des Rationalen und Gesetzmäßigen zu entsprechen.[50] Während sich für Comte die positive Philosophie darauf zu beschränken hat, durch das Aufdecken

---

49 Pedagogical Anthropology, S. 27.
50 Vgl. dazu Zahn, L.: Die letzte Epoche der Philosophie. Von Hegel bis Habermas. Stuttgart 1976, S. 111.

»konstanter Beziehungen« unter den beobachteten Phänomenen allgemeine Gesetzmäßigkeiten zu gewinnen und sich dabei jeglicher metaphysischer Deutung enthält, besteht die wesentliche Aufgabe wissenschaftlicher Naturerkenntnis für Montessori darin, eine der Natur immanente göttliche Ordnung zu erkennen. So wie im Verständnis Comtes die wissenschaftlich gewonnenen Gesetzmäßigkeiten einen zunehmend technologischen Zugriff auf die Natur und eine rationale Gestaltung der sozialen Verhältnisse ermöglichen und sich damit die Lebenswelt des Menschen immer mehr als eine durch die modernen Wissenschaften getragene Konstruktion erweist, sieht Montessori das Ziel menschlichen Bemühens lediglich in einer Rekonstruktion sowohl der Erziehung und Bildung des Menschen als auch des sozialen Gesamtorganismus auf der Basis der von einem himmlischen Geometer vorgegebenen kosmischen Ordnung.

Maria Montessori greift die von Comte vorgenommene Einordnung der Pädagogik zwischen Empirie und Mystizismus auf, kommt dabei aber zu einer völlig andersartigen Deutung des Mystizismus. Für Montessori wird der Mystiker nicht länger dadurch diskreditiert, dass er sich durch die Loslösung von der empirischen Forschung in leere Spekulationen und wilde Fantastereien verliert, sondern sie sieht gerade in ihm den *wahren* Wissenschaftler, der sowohl in den Naturgesetzen als auch in der naturgemäßen Entwicklung des Kindes die Emanationen des göttlichen Willens theoretisch erkennt und praktisch respektiert.

Konsequenterweise darf sich für Montessori eine wissenschaftlich fundierte Lehrerbildung nicht nur auf die Schulung des positiven Geistes beschränken, sondern muss im angehenden Lehrer und Erzieher ein »mystisches Empfinden« wachrufen, aufgrund dessen der Lehrer dem Kind mit »einer Mischung aus Ehrfurcht und Liebe, heiliger Neugier und Sehnsucht« entgegentritt. »Was wir versuchen«, so bekennt Montessori »ist, den einzelnen Menschen mit dem strengen Opfergeist des Wissenschaftlers und dem Geist unaussprechlicher Verzückung eines solchen Mystikers zu erfüllen – dann haben wir den Geist des Lehrers vollkommen vorbereitet. Denn er wird vom Kind selbst die Mittel und den Weg für seine eigene Erziehung lernen, das heißt, er wird vom Kind lernen, sich als Erzieher zu vervollkommnen.«[51]

Auf der einen Seite erscheint der neue Lehrer als »akademischer Laborant«, der die Schule als eine experimentelle Forschungsstätte der Komplexität und Organisationsform naturwissenschaftlicher Laboratorien angleicht; andererseits erscheint der Lehrer als mystischer Seher, der sich »in der Kontemplation des sich unter seinen Augen entwickelnden Lebens« erfreut.[52] Die Schule eröffnet so auf der einen Seite als »wissenschaftlicher Raum« die Möglichkeit der psychogenetischen Erforschung des Menschen, während sie auf der anderen Seite als ein geradezu heiliger Ort erscheint, an dem sich die göttlichen Entwicklungskräfte des Kindes entfalten und damit zugleich die Reorganisation der Menschheit einleiten.

Die Wissenschaftlichkeit der Pädagogik ergibt sich für Montessori also nicht aus der kritischen Distanz zu einem metaphysischen bzw. mystischen Denken, sondern gerade umgekehrt durch die Hinwendung zu einer mystischen Sicht der Welt und des Kindes. Diese Erkenntnis wird noch klarer, wenn wir uns Montessoris sehr eigenwillige Deutung des Übergangs von einer »erfahrungsbegründeten« zur »wissenschaftlichen Medizin« vor Augen führen. Im Gegensatz zum reinen Empiriker, der glaubt, einen Patienten durch seine Kunst und durch besondere Medikamente heilen zu können, weiß sich der »wissenschaftlich gebildete« Arzt mit seiner Kunst an die *vis medicatrix naturae*, d.h. an die Selbstheilungskraft der Natur gebunden. Sein reflektiertes Wirken beruht auf der Überzeugung, dass nur die dem Organismus einwohnende Heilkraft die Krankheit bekämpfen und die Heilung bewirken kann.

Das versucht Montessori an einem instruktiven Beispiel zu erläutern. Die intensiv betriebene Forschung zum Problem der »Immunität« zeigte der empirischen Forschung ganz klar ihre Grenzen. Dem wissenschaftlichen Blick taten sich zwar bestimmte »Aspekte« und »Attribute« der Immunität auf, die »Substanz« jedoch als »das letzte Wort, das die Grundlage aller Aspekte bildet«, verschließt

---

51 Entdeckung des Kindes, S. 11.
52 Schule des Kindes, S. 122.

sich als Geheimnis des Lebens, das »seine Quellen verbirgt, aber ständig seine Kräfte ausbreitet«, dem Zugriff objektiver Erkenntnis.[53]

Analog zur Medizin müsse, so Montessori, auch die Pädagogik die »wertvolle Lebenskraft« und den inneren Ursprung kindlicher Entwicklung als das »Geheimnis des Kindes« respektieren. Wie der Arzt müsse auch der Erzieher auf die heilenden und normalisierenden Kräfte im Kind vertrauen. Sein Hauptanliegen und zugleich der Garant seiner professionellen Kompetenz wird daher in der Sicht Montessoris der Schutz und die Förderung der aus einer geheimnisvollen Quelle entspringenden schöpferischen Aufbaukräfte des Kindes durch eine intellektuelle und moralische Hygiene sein. Mit geradezu lebensphilosophischer Emphase behauptet Montessori:

> »Das Kind ist ein wachsender Körper und ein sich entwickelnder Geist; die doppelte physiologische und psychologische Form hat einen ewigen Quell: das Leben; wir dürfen seine geheimnisvolle Potentialität weder bis zum Grunde erforschen noch ersticken, sondern müssen die sukzessiven Äußerungen abwarten (...) das Kind wächst, weil sich das potentielle Leben in ihm entfaltet, in dem es sich aktuiert ...«[54]

Das Spezifikum ihrer eigenen Erziehungsmethode sieht Montessori daher in dem pädagogischen Prinzip der »peripherischen Belehrung«. Während die kindliche Psyche und die inneren Entfaltungskräfte das Geheimnis des Kindes bilden und sich von daher dem Zugriff objektiver Forschung verschließen, richtet sich das pädagogische Interesse ausschließlich auf die Peripherie, das heißt auf die Sinne und die Bewegung, durch die das Kind mit der Außenwelt in Verbindung tritt. Allein die Beobachtung peripherischer Aktivität ermöglicht das Verstehen der inneren Aufbauarbeit des kindlichen Geistes. »Wir werden immer nur der Arbeit des Kindes, die es in

---

53 Schule des Kindes, S. 276.
54 Die Entdeckung des Kindes, S. 70f.

seinem Wachstum leisten muss, an der Peripherie Hilfe bieten können. (…) Wir sagen nicht nur, dass dieses Geheimnis schwer zu durchdringen ist, sondern wir sagen auch, dass wir es gar nicht verstehen wollen. Was im Kinde vor sich geht, das ist das Geheimnis des Kindes, und das müssen wir achten. Hier liegt der Grundsatz unserer Pädagogik …«[55]

Im Gegensatz zu dieser klaren Markierung der Grenzen objektiver Wissenschaft, glaubt Montessori durch den Rückgriff auf die Forschungen der Embryologie einen allgemeinen »Bauplan der Natur« und ein festgelegtes Entwicklungsschema gefunden zu haben, das ausnahmslos für alle Kinder gilt und von daher eine »universale Erziehungsmethode« legitimiert. Auf der Kenntnis dieses von ihr in das Kind hineinprojizierten immanenten Bauplanes beruht die ihre gesamte Methode tragende Annahme einer möglichen und experimentell festzulegenden Übereinstimmung von innerer Entwicklung des Kindes und äußerer erzieherischer Anregung, von Lernbedürfnis und Lehrangebot. Allein die Gesetzmäßigkeit garantiert die Wissenschaftlichkeit und kann der von Montessori angestrebten Entwicklungspädagogik als Basis dienen. So schreibt Montessori: »das Geheimnis des Kindes muss sich enthüllen. Wäre dem nicht so, alle Anstrengungen der Erziehung müssten in einem ausweglosen Labyrinth stecken bleiben.«[56]

Diese Spannung zwischen einem ungetrübten Vertrauen in die Errungenschaften positiver Wissenschaft und die Anerkennung ihrer Leistungen für die Beförderung des menschlichen Fortschritts einerseits und einer ehrfurchtsvollen Haltung gegenüber den der Wissenschaft verschlossenen Geheimnissen des Lebens andererseits bestimmt das pädagogische Denken Maria Montessoris von Grund auf und führt zu theoretischen Brüchen und Widersprüchen, die eine systematische Darstellung ihres pädagogischen Denkens er-

---

55 Montessori, M.: Das Zentrum und die Peripherie. In: Böhm, W. (Hrsg.): Maria Montessori. Texte und Gegenwartsdiskussion. Bad Heilbrunn [5]1996, S. 45.

56 Montessori, M.: Kinder sind anders, S. 116.

heblich erschweren und durchaus voneinander abweichende Deutungen zulassen.

Diese inneren Widersprüche und Undeutlichkeiten in ihrem Denken zeigen sich besonders an ihrer ungenauen Begrifflichkeit. So wird beispielsweise der für ihr Denken zentrale Begriff der Natur an keiner Stelle erläutert und differenziert. Natur meint einmal im ontologischen Sinne die Wesensbestimmung des Menschen und dient an anderer Stelle als Synonym für die dem poietischen Zugriff des Menschen verfügbare und veränderbare Wirklichkeit. Innerhalb der kosmischen Theorie erscheint die Natur als Repräsentantin der göttlichen Schöpfungskraft und wird dadurch zur normativen moralischen Kategorie. Einerseits soll die Erziehung die natürliche Entwicklungskraft des Kindes respektieren und die Aktuierung immanenter Entwicklungspotentialitäten ermöglichen, andererseits soll das Kind durch rigide festgelegte Übungen »kultiviert« und damit über seinen reinen Naturzustand erhoben werden. Die offensichtlichen Schwierigkeiten einer Deutung ihres pädagogischen Denkens sind nicht zuletzt darauf zurückzuführen, dass Montessori sowohl mit einem biologischen als auch mit einem metaphysischen Naturbegriff operiert, ohne beide exakt zu unterscheiden und ihre durchaus kontroversen Konsequenzen für das Erziehungsverständnis deutlich werden zu lassen. Während der biologische Naturbegriff zur Theorie des immanenten Bauplanes führt und die Erziehung auf eine sich an medizinischen und biologischen Kategorien orientierende Psychohygiene reduziert, resultiert aus dem metaphysischen Naturbegriff ein ganz anderes Verständnis von der Erziehung und Bildung des Menschen. Die Erziehung versteht sich hier als die systematische Einführung der Kinder und Jugendlichen in eine bestimmte Weltanschauung, die sich eben nur metaphysisch begründen lässt.

Maria Montessoris pädagogisch-didaktisches Konzept der Grundschule und ihre wenigen Äußerungen zu den weiterführenden Schulen stehen unter der zentralen Idee einer »kosmischen Erziehung«, durch welche die Schüler sowohl in den naturwissenschaftlichen als auch in den sozialwissenschaftlichen Fächern in die kosmische Weltsicht Montessoris eingeführt werden sollen. In beiden Fächern geht es darum, den Kindern einen sowohl in der Natur als auch in der menschlichen Kulturgeschichte eigendynamisch wirkenden göttlichen Schöpfungsplan vor Augen zu führen, der jedem Individuum eine spezifische kosmische Aufgabe zur Bewältigung aufgibt. Während sich das Kind einerseits durch die tätige Auseinandersetzung mit der inneren Systematik der didaktischen Materialien seine geistigen Fähigkeiten und intellektuellen Funktionen selbst aufbaut und strukturiert, geht es im Hinblick auf die kosmische Erziehung darum, das Kind mit Hilfe groß angelegter und spannend dargebotener Geschichten, den so genannten *cosmic tales*, in die Evolutionsgeschichte des Menschen einzuführen, um in einem zweiten Schritt anhand exemplarischer Themen aus den Natur- und Sozialwissenschaften den Schülern die möglichst eigenständige Erarbeitung komplexer Zusammenhänge zu ermöglichen.

Montessoris Theorie der Erziehung schwankt zwischen der technologischen Hervorbringung des neuen Menschen und einer mystischen Verherrlichung des göttlichen Kindes, wobei gerade dieses mystische Moment die heimliche Tendenz zu einer manipulativen Erziehungstechnologie verdecken und zu verharmlosenden Fehldeutungen ihrer Methode führen kann.

Die begriffliche Unentschiedenheit zeigt sich auch an ihrem pädagogischen Schlüsselbegriff der »Normalisation«. Zum einen gebraucht sie ihn in einem biologischen Kontext und meint mit Normalität das harmonische Zusammenwirken der verschiedenen geistigen Funktionen des Kindes, das sie gegen den Zustand der »Disfunktionalität« abgrenzt; zum anderen verwendet sie ihn als einen metaphysischen Begriff und meint damit die Rückbindung menschlichen Denkens und Handelns an die göttliche Schöpfungsordnung.

Die Pädagogik Maria Montessoris oszilliert zwischen exakter Experimentalwissenschaft und mystischer Weisheitslehre. Ihre geistige Orientierung pendelt zwischen den Erkenntnissen der Biologie und den Heilsverkündigungen der Theosophie.

Maria Montessori sieht sich dadurch einerseits den positiven Naturwissenschaften, vor allem der Biologie verpflichtet, auf der anderen Seite verspürt sie eine starke Affinität zur Theosophie, die

die von Montessori ersehnte Synthese von positiver Wissenschaft, Philosophie, Kunst und Religion verspricht.

Die Frage nach einer möglichen Nähe oder Distanz Maria Montessoris zur Theosophie wird in der aktuellen Montessori-Rezeption durchaus kontrovers diskutiert und lässt sich angesichts des momentanen Forschungsstandes nicht eindeutig beantworten. Die im Jahre 1875 von Helena Petrowna Blavatzky und Henry Steel Olcott in New York gegründete Theosophische Gesellschaft verstand sich selbst als Antwort auf eine ernste Krise des positivistischen Wissenschaftsparadigmas. Eine Überwindung dieser Krise versprach das theosophische Denken durch die innere Synthese von Wissenschaft, Religion, Kunst und Esoterik. Es ist von daher kaum verwunderlich, dass sich Maria Montessori mit dem theosophischen Versuch einer Annäherung von strenger positivistischer Forschung und mystischer Weisheitslehre leicht identifizieren konnte. Marjan Schwegman konnte in ihrer erst kürzlich erschienen Montessori-Biographie nachweisen, dass Maria Montessori bereits im Mai 1899 offiziell der Theosophischen Gesellschaft beitrat.[57]

Sowohl mit Annie Besant, die im Jahre 1907 die Leitung der Theosophical Society übernahm, als auch mit ihrem Nachfolger Sydney Arundale unterhielt Montessori nachweislich enge Kontakte. Arundale organisierte nicht nur den ersten großen Montessori-Kurs in Adyar (Madras), sondern lud Maria Montessori zu zahlreichen theosophischen Kongressen und Tagungen ein und ermöglichte Montessori die Publikation ihrer Texte in theosophischen Verlagen. Auf das intensive Betreiben der Theosophischen Gesellschaft hin wurde im Jahre 1926 die indische Montessori-Gesellschaft gegründet.

Helena Petrowna Blavatzky lässt in ihrem 1889 erschienenen theosophischen Hauptwerk *Schlüssel zur Theosophie* erkennen, dass hinter ihrer Gründung der Theosophischen Gesellschaft der Wunsch stand, nationale, kulturelle und religiöse Schranken nie-

---

57 Vgl. Schwegman, M.: Maria Montessori 1870–1952. Kind ihrer Zeit. Frau von Welt. Darmstadt 2000, S. 78.

derzureißen, um die nicht zuletzt durch religiöse Dogmen und gesellschaftliche Vorurteile entstandene Zerrissenheit der Menschheit zu überwinden, um so den Weg für eine universale Verbrüderung unter den Menschen zu ebnen. Die Idee der Einheit der Menschheit und die Kultivierung eines Gefühls der Ehrfurcht vor der Göttlichkeit des Menschen bestimmen nicht nur das Denken Blavatzkys, sondern auch die kosmische Weltsicht Maria Montessoris. Auf dem europäischen Kongress für den Frieden 1936 in Brüssel hebt Montessori hervor:

> *»Wir alle bilden einen einzigen Organismus, eine einzige Nation. Diese einzige Nation, die unbewusst das geistige und auch religiöse Sehnen der menschlichen Seele war, hat sich endlich verwirklicht, das können wir laut über die ganze Erde hinweg ausrufen. Es ist der Organismus Menschheit geboren: diese Superkonstruktion, die alle Anstrengungen des Menschen von seinem Anbeginn in sich vereint, ist Wirklichkeit geworden ...«*[58]

Auf eine starke Affinität zwischen dem theosophischen Denken und Maria Montessoris Enthüllung göttlicher Entwicklungskräfte im Kind hat Winfried Böhm bereits 1969 hingewiesen. Sowohl der Gedanke einer kosmischen Weltharmonie als auch die Deutung der kindlichen Entwicklung als Emanation des göttlichen Willens verweisen deutlich in Richtung auf theosophisches Gedankengut.[59]

Die Diskussion um die Stellung der Religion im Denken Montessoris im Allgemeinen und ihr Verhältnis zur katholischen Kirche im Besonderen schienen durch die Arbeiten von Helming, Oswald, Schröteler und Schulz-Benesch dahingehend beantwortet zu sein, dass die Rechtgläubigkeit Montessoris und ihre Treue zu den Lehren der katholischen Kirche über alle Zweifel erhaben sei, sodass uns mit Montessoris Reflexionen über Erziehung das Konzept einer genuin katholischen Pädagogin vorliege. Interpreten der Montessori-Pädagogik, die diese Auffassung aus guten Gründen nicht

---

58 Der Vortrag wurde abgedruckt in: Frieden und Erziehung, S. 26–31.
59 Böhm, W.: Maria Montessori. Bad Heilbrunn ²1991, S. 132.

teilen können, verweisen, wie etwa Winfried Böhm, auf die »überkonfessionelle Weite« ihres Religionsbegriffs und legen nahe, einen nichtkatholischen Ursprung ihres religiösen Denkens anzunehmen oder diesen zumindest in Betracht zu ziehen.

Eine starke Beeinflussung des Denkens Montessoris durch die Theosophie wird verständlicherweise innerhalb der Montessori-Rezeption von all jenen Autoren bestritten, die in Montessori eine genuin katholische Pädagogin sehen möchten. Mit aller Entschiedenheit bestreitet daher Paul Oswald eine Affinität zwischen dem kosmischen Denken Montessoris und der Weisheitslehre der Theosophie und begründet dies mit dem Hinweis, dass der kosmische Gedanke kein theosophisches Sondergut sei, sondern seit den Tagen der Griechen zum abendländischen Geistesbesitz gehöre. Christlich untermauert und ergänzt spielt er zuerst bei den Kirchenvätern und dann im Mittelalter (etwa im Ordo-Gedanken des Thomas von Aquin) eine bedeutende Rolle. Paul Oswald rückt Montessori in seinem Klärungsschema in die Nähe von Comenius und Fröbel. Comenius habe in seiner *Pampaedia* ein weltumspannendes Erziehungskonzept entworfen und darin dem Menschen die Aufgabe zugeteilt, durch das »In-Ordnung-Bringen« der Welt an der Vollendung der Schöpfung mitzuarbeiten. In Bezug auf die Nähe zu Fröbel verweist Oswald auf folgendes Zitat aus der Einleitung zu Fröbels *Menschenerziehung*: »Alles ist hervorgegangen aus dem Göttlichen, aus Gott, und durch das Göttliche, durch Gott einzig bedingt; in Gott ist der einzige Grund aller Dinge (…) Alle Dinge sind nur dadurch, dass Göttliches in ihnen wirkt.«[60]

Doch gleich im nächsten Satz weist Paul Oswald darauf hin, dass Montessori Fröbels *Menschenerziehung* höchstwahrscheinlich gar nicht gelesen hat und dass sie die lange verschollene *Pampaedia* des Comenius gar nicht zur Kenntnis nehmen konnte.

Günter Schulz-Benesch stützt seine Argumentation gegen eine Nähe zur Theosophie auf die Aussage Mario Montessoris, seine

---

60 Vgl. hierzu Oswald, P.: Kosmische Erziehung in der pädagogischen Theorie Maria Montessoris. In: Scheid, P./Weidlich, H. (Hrsg.): Beiträge zur Montessori-Pädagogik. Stuttgart 1977, S. 122–138.

Mutter sei Zeit ihres Lebens gläubige Katholikin gewesen, und versucht dieser Aussage noch dadurch Gewicht zu verleihen, indem er auf die wiederholt bezeugte Hochschätzung der Montessori-Pädagogik durch die katholische Kirche verweist. So erhielten nicht nur die Schriften Montessoris das kirchliche Imprimatur, sondern Papst Pius X. erteilte Montessori eigenhändig die Unterrichtserlaubnis für einen Montessori-Kurs für Franziskanerinnen. Günter Schulz-Benesch verschweigt jedoch in seiner Darstellung, dass Montessori wiederholt in Konflikt mit der katholischen Kirche geriet, die sich alle an dem christlichen Dogma der Erbsünde entfachten. Bereits in ihrem Buch *Il metodo* betont Montessori, dass die Kinder weder schuldig noch unschuldig seien und dass sie noch keinerlei Schuld auf sich geladen hätten. Der Vorwurf der »Sünde« trifft allein und auch nur in einem sehr eingeschränkten Sinn den Erwachsenen, der auf Grund sozialer Strukturen und einer falschen Erziehung »verdorben« wurde.[61]

Als Maria Montessori über die Kolumnen der vatikanischen Zeitschrift *Civilta Cattolica* aufgefordert wurde, zum einen auf ihre Leugnung der Erbsünde einzugehen und zum anderen die Autorität des Papstes anzuerkennen, verzichtete Montessori auf jegliche Stellungnahme. Damit war der Bruch mit der katholischen Kirche, nach den Forschungsergebnissen Schwegmans, im Jahre 1934 endgültig vollzogen.[62]

Als stärkstes Argument gegen eine Nähe zur Theosophie werden Maria Montessoris eigene religionspädagogische Arbeiten ins Feld geführt, in denen sich Montessori zur katholischen Konfession bekennt und ihre religionspädagogischen Versuche in einem Kinderhaus in Barcelona schildert.[63] Hinsichtlich dieses Modellversuchs gilt es zu bedenken, dass sich Montessori nicht einem inneren Antrieb folgend mit den Fragen der religiösen Erziehung auseinander gesetzt hat, sondern dass vielmehr spanische Geistliche

---

61 Vgl. hierzu die Ergebnisse von Marjan Schwegman, S. 168f.
62 A.a.O., S. 169.
63 Diese religionspädagogischen Schriften sind erstmals in deutscher Sprache unter dem Titel: *Kinder, die in der Kirche leben*, Freiburg 1964, erschienen.

mit der Bitte an Montessori herantraten, ihre allgemeinen pädagogischen Prinzipien auf dem Gebiet der Religionspädagogik zu er-
proben. Bei der Lektüre der Beschreibung dieses Versuches kann
man sich nur schwer des Eindrucks erwehren, dass es sich dabei
um die nur oberflächlich reflektierte und wenig systematische Anwendung ihrer allgemeinen Prinzipien auf das Feld der religiösen
Erziehung handelt. Darüber hinaus ist das von Montessori vor-
gestellte Konzept einer stark liturgiezentrierten Katechese heute in
dieser Form nicht mehr ohne weiteres rezipierbar. Von einer Beeinflussung des pädagogischen Denkens Montessoris von theologi-
schen Fragestellungen her kann sicherlich nicht die Rede sein.[64]
Der Versuch, Montessori allein auf Grund dieser örtlich und zeitlich begrenzten religionspädagogischen Arbeit als katholische Pädagogin ausweisen zu wollen, erscheint nach wissenschaftlichen
Kriterien mehr als fragwürdig.

Darüber hinaus widerspricht der Hinweis, Maria Montessori
sei gläubige Katholikin gewesen, in keiner Weise einer Annäherung
an die Theosophie. Annie Besant erläutert in ihrer zentralen Schrift
Uralte Weisheit das grundsätzliche Verhältnis der Theosophie zu
den einzelnen Religionen folgendermaßen: Die von der Theosophie repräsentierte Urlehre göttlicher Weisheit ist sowohl Ursprung als auch Grundlage aller einzelnen Konfessionen und kann
von daher auch nicht als ihr Widersacher angesehen werden. Die
Theosophie übt vielmehr eine reinigende Funktion aus, indem sie
in jeder Religion die göttliche Wahrheit von äußeren Formen der
Unwissenheit und von abergläubischen Hinzufügungen befreit.
Kein Mensch, der sich dazu entschließt, Theosoph zu werden,
braucht dadurch aufzuhören, Christ, Buddhist oder Hindu zu sein.
Er wird durch die Lehren der Theosophie vielmehr eine tiefere Einsicht in seinen eigenen Glauben gewinnen. Die Theosophie, so das
Fazit Annie Besants, »rechtfertigt vor dem Richterstuhl intellektueller Kritik das tiefste Sehnen und Regen des Menschenherzens; sie

---

64 Vgl. die Einschätzung von Winfried Böhm in: Ders.: Maria Montessori.
   Hintergrund und Prinzipien ihres pädagogischen Denkens. Bad Heilbrunn,
   S. 134.

verleiht den menschlichen Hoffnungen Berechtigung; sie gibt uns unseren Glauben an Gott veredelt wieder zurück«[65].

Im Hinblick auf das Argument der großen Wertschätzung der Montessori-Pädagogik durch die katholische Kirche müssen wir zur Kenntnis nehmen, dass Montessori die gleiche Wertschätzung auch von Hinduisten, Buddhisten und vor allem von Benito Mussolini zuteil wurde, der Maria Montessori nach einem persönlichen Treffen im Jahre 1924 zusicherte, die Montessori-Pädagogik zur bestimmenden Erziehungsmethode Italiens zu erheben.[66]

Das folgende Kapitel wird sich der Entwicklungs- und Lerntheorie Maria Montessoris widmen, mit der sie sich von der besonders in Italien aufblühenden experimentellen Psychologie und der Herbartschen Lernpsychologie samt ihrer Umsetzung in ein formales Modell von Unterricht und Lernen klar distanziert. Der experimentellen Psychologie und den von Binet, Fechner und Wundt aufwändig betriebenen empirischen Untersuchungen zollt Montessori zwar einerseits große Anerkennung, da sie der Pädagogik entscheidende und vorwärts weisende Anregungen in Richtung auf eine positive und damit erfahrungswissenschaftliche Erforschung des Kindes und Schülers gegeben haben, andererseits bemängelt Montessori jedoch, dass sich diese Arbeiten nur auf die Symptome eines in sich kranken Erziehungs- und Schulsystems konzentriert haben, ohne die Probleme eines kindgerechten Lernens und die Gestaltung einer kindorientierten Schule grundsätzlich aufzuwerfen und zu lösen. Der gleiche Vorwurf trifft die in erster Linie durch Ärzte getragene Schulhygienebewegung, die zwar auf die zum Teil katastrophalen hygienischen Zustände in den italienischen Schulen und die dadurch verursachte Anfälligkeit für Tuberkulose hinwies,

---

65 Besant, A.: Uralte Weisheit. München [4]1981, S. 11.

66 Zur näheren Erhellung des Verhältnisses Maria Montessoris zum italienischen Faschismus siehe Leenders, H.: Der Fall Montessori: Die Geschichte einer reformpädagogischen Erfolgskonzeption im italienischen Faschismus. Bad Heilbrunn 2002.

ohne jedoch mit der nötigen Radikalität eine Reform des Unterrichtswesens voranzutreiben.

Mit der gleichen kritischen Distanz begegnet Montessori den Bemühungen der Herbartianer, die sie durch ihren akademischen Lehrer, den bedeutenden italienischen Pädagogen und Schulreformer Luigi Credaro, gründlich kennen gelernt hatte. Montessori kritisiert vor allem das rein rezeptive Verständnis kindlichen Lernens und die Meinung, der Lehrer müsste den Verstand des Kindes formen und bilden. Die Durchführung der Formalstufen des Unterrichtes: Klarheit, Assoziation, System und Methode stellen den Lehrer vor das zentrale Problem, die Aufmerksamkeit des Schülers zu wecken und konstant zu halten. Dabei verlangt man von den Schülern, dass sie stundenlang stillsitzen und einem Lehrer uneingeschränkt ihre Aufmerksamkeit schenken, der an seinen Schülern vor allem ihren passiven Gehorsam schätzt. Der Schüler hechtet mit einer permanenten Anstrengung hinter dem Verstand des Lehrers her, der seinerseits gezwungen ist, sich einem zufällig erstellten und in keiner Weise an den Lerninteressen der Schüler orientierten Lehrplan zu beugen. Die Kritik an der Herbartschen Schule und der ihr zu Grunde liegenden Lerntheorie fasst Montessori folgendermaßen zusammen: »Es ist eine beschwerliche Kunst, die Kinder durch ihre eigene geistige Arbeit dahin zu bringen, nicht zu finden, was sie natürlicherweise finden würden, sondern das, was der Lehrer will. Dieser sagt jedoch nicht, was er will. Er treibt die Kinder dazu, spontan ihre Begriffe zu assoziieren – so wie sie der Lehrer assoziiert – und gelangt sogar soweit, dass die Kinder die Definition finden, mit den gleichen Worten, die der Lehrer für sich festgelegt hat, ohne sie zu äußern. Das erweckt den Eindruck eines Kniffs, eines Taschenspielerkunststückes.«[67]

Dem stellt Montessori ihre eigene Theorie selbst gesteuerter kindlicher Lernprozesse entgegen, in denen sich der Schüler, unterstützt durch didaktische Materialien, selbst seinen Verstand strukturiert und organisiert, mit Hilfe immer komplexer werdender Ordnungsschemata die Welt eigenständig erschließt und durch die

---

67 Schule des Kindes, S. 51.

Bildung allgemeiner synthetischer Begriffe in ihren Zusammenhängen versteht. Der vom Kind selbst zu leistende Übergang vom Konkreten zum Abstrakten, den Montessori an geistige Reifungsprozesse bindet, wird durch die Materialien vorbereitet und unterstützt. Dem Instruktivismus der alten Schule stellt Montessori einen biologisch untermauerten Konstruktivismus gegenüber.[68] Die »einfache Arbeit des Deponierens« zusammenhangloser Einzelfakten, wie sie in der alten Schule ihrer Meinung nach von den Schülern verlangt werde, bedeutet eine »Verletzung der Natur des Geistes«.[69] Dagegen hebt Montessori hervor: »In deutlicher Abgrenzung zum Begriff einer rezeptiven Persönlichkeit geht diese wissenschaftliche Richtung vom Begriff einer aktiven, denkenden und Gedanken verbindenden Persönlichkeit aus, die sich durch eine Reihe von Reaktionen auf systematische, experimentell bestimmte Anregungen entwickeln muss.«[70]

Konzentrationsschwäche, Interessenarmut, schnelles Ermüden und eine Unstetigkeit der Aufmerksamkeit liegen nach Montessori nicht in der Psychologie des Kindes begründet, sondern werden durch die mangelnde Orientierung des schulischen Unterrichts an der »wahren« Psychologie des Kindes verursacht.

Das Problem der fehlenden Motivation und Konzentration löst sich, so die Grundthese Montessoris, von ganz alleine, sobald sich der Unterricht an den natürlichen Entwicklungs- und Organisationsprozessen des kindlichen Geistes orientiert, anstatt einer durch die Fächer diktierten äußeren Systematik zu folgen.

---

68 Vgl. hierzu den Beitrag von Lönz, M.: Lernen in einer veränderten Welt? Pädagogisch-philosophische Anmerkungen zum Neuen Lernbegriff. In: Vierteljahrsschrift für wissenschaftliche Pädagogik, 77. Jg., 3. Quartal 2001, S. 333–353, S. 335f.

69 Schule des Kindes, S. 198.

70 A.a.O., S. 75. Dieses Zitat ist unbeschadet seiner entschiedenen Intention gleichzeitig kennzeichnend für die versteckte und wohl Montessori selbst nicht bewusste Widersprüchlichkeit ihres Denkens und ihrer Begriffe. So wird dem kritischen Leser der seltsame Widerspruch nicht unbemerkt bleiben, der darin besteht, dass einmal eine aktive denkende und Gedanken verbindende Persönlichkeit gefordert, diese aber durch eine Reihe von Reaktionen hervorgebracht werden soll.

Montessoris Entwicklungs- und Lernpsychologie und die Idee einer »naturgemäßen« Erziehung

Gegenüber den zu ihrer Zeit vorherrschenden Modellen von Schule und Unterricht formuliert Montessori eine Entwicklungs- und Lerntheorie, die sich eng an biologischen und neurobiologischen Denkmustern orientiert und von daher weniger als eine Lerntheorie im engeren Sinne gelten kann, sondern treffender als eine »Embryologie des Geistes« bezeichnet werden muss. Aus der embryologischen Forschung übernimmt Montessori die Idee eines immanenten Konstruktionsplanes, der ein organisierendes und integrierendes Moment bereits in sich trägt. Ergänzt wird dieses Verständnis von Entwicklung durch die Theorie der selektiven Wahrnehmung, das heißt durch die Vorstellung, dass sich »das System der Intelligenzleistung« durch die selektive Aufnahme und Verarbeitung von äußeren Reizen selbst aufbaut und strukturiert. Die von Maria Montessori ausschließlich naturwissenschaftlich begründete Theorie, die Entwicklungs- und Lernprozesse als vom Individuum selbst gesteuerte Konstruktions- und Organisationsprozesse versteht, erinnert nicht zufällig an Theoreme des modernen pädagogischen Konstruktivismus. Eine Bestätigung ihrer entwicklungstheoretischen Annahmen sah Montessori in den wissenschaftlichen Arbeiten des Biologen G.E. Coghill gegeben, der im Jahre 1940 zu folgendem Resümee gelangte: »Der Mensch ist in der Tat ein Mechanismus, aber ein Mechanismus, der, innerhalb seiner Grenzen von Leben, Wahrnehmungsfähigkeit und Wachstum, sich selbst hervorbringt und bedient.«[71]

---

71 Coghill, G.E.: Anatomy and the Problem of Behavior. New York/London 1964, S. 110. Auf die hohe Wertschätzung, die Montessori den Arbeiten Coghills entgegenbrachte, hat bereits Mario Montessori ausdrücklich hin-

Die anthropologische Grundthese Montessoris, die in diesem Kapitel näher erläutert werden soll, lässt sich folgendermaßen zusammenfassen: Entsprechend ihrer Entwicklungstheorie ist das Kind von Natur aus zu einer spontanen Entwicklung seiner motorischen, kognitiven und sozialen Funktionen fähig und verfügt sowohl über einen immanenten konstruktiven Aufbauplan als auch über eine innere schöpferische Entwicklungskraft (Horme)[72], welche die Aktivität des Kindes in periodisch auftretenden Phasen gesteigerter innerer Sensibilität zielgerichtet steuert und zur aktiven Auseinandersetzung mit seiner Umwelt drängt. Im Gegensatz zur biologischen Determiniertheit des Tieres verfügt das Kind weder über erblich festgelegte Verhaltensmuster noch über das Erwachen »atavistischer Erinnerungen«, sondern über »nebelhafte« Entwicklungspotenzialitäten (Nebule)[73], die durch äußere Anreize zur Entfaltung angeregt werden. »Der geistige Organismus ist für uns eine dynamische Einheit, die ihre Struktur durch aktive Erfahrungen in der Umwelt wandelt und von einer Energie (Horme) geleitet wird, deren differenzierte und spezialisierte Arten oder Grade die Nebule darstellen.«[74]

Die Entwicklung erscheint so als der Prozess der selbstschöpferischen Hervorbringung des Kindes, der zwar mit Hilfe äußerer Mittel peripher und indirekt unterstützt, nicht aber zentral und direkt organisiert werden kann. Die dem Kind in Kinderhaus und Grundschule angebotenen umfangreichen *didaktischen Materialien*

---

gewiesen. Vgl. Mario Montessori: Erziehung zum Menschen. Frankfurt a.M. 1984, S. 30.

72 Der Begriff *Horme*, den Montessori von dem Psychologen Percy Nunn übernommen hat, bezeichnet eine »vitale Kraft«, die das Individuum zur Entfaltung seiner Entwicklungsmöglichkeiten durch die aktive Auseinandersetzung mit seiner Umwelt treibt. Vgl. Montessori, M.: *Das kreative Kind*, S. 77.

73 Montessori übernimmt den Begriff der *Nebule* (Sternnebel) der astronomischen Fachsprache. In: *Das kreative Kind*, S. 73 heißt es dazu: »In diesem Zusammenhang haben wir den Begriff ›Nebula‹ geprägt und die schöpferischen Energien, die das Kind dazu anleiten, die Umwelt zu absorbieren, mit den Nebule verglichen, aus denen sich durch sukzessive Vorgänge die Himmelskörper gebildet haben.«

74 A.a.O., S. 74.

verfolgen nicht primär ein »didaktisches« Ziel, sondern dienen der peripherischen Förderung der Entwicklung und Selbstorganisation der kindlichen Persönlichkeit.

Zur Erhellung der Vorgänge, die sich im Innern des Kindes abspielen, greift Montessori explizit auf die embryonale Entwicklung zurück, um mit Hilfe dieser biologischen Erkenntnisse die geistige und soziale Entwicklung des Kindes zu deuten. Bezeichnenderweise spricht Montessori von zwei Embryonalphasen, wobei die pränatale als physische und die postnatale als geistige Embryonalzeit des Kindes erscheint.

Die psychoembryonale Entwicklungsphase, die von der Geburt bis etwa zum dritten Lebensjahr dauert, dient zum einen dem Aufbau, der Strukturierung und Koordinierung der motorischen und intellektuellen Funktionen des Kindes und zum anderen der vom Individuum zu leistenden Anpassung an ein soziokulturelles Umfeld. Diese Phase wird durch die unbewusste Tätigkeit des *absorbierenden Geistes* bestimmt, der sinnliche Bilder sammelt und in einem unterbewussten biologischen Gedächtnis, der *Mneme*, speichert. Die sich in Analogie mit der Entwicklung des physischen Embryos zunächst getrennt voneinander entwickelnden Funktionen wie etwa Koordinierung der Bewegung, Sprache, Entwicklung elementarer Intelligenzleistungen (Orientierung in der Umgebung, Unterscheiden, Vergleichen, Abschätzen usw.) werden im Alter von drei bis sechs Jahren koordiniert und durch das Phänomen der *Polarisation kindlicher Aufmerksamkeit* zu einer inneren Synthese von Intellekt, Motorik und Wille vereint. Montessori fasst ihr Verständnis kindlicher Entwicklung wie folgt zusammen:

> *»Beim menschlichen Wesen handelt es sich also nicht um eine Entwicklung, sondern um eine Schöpfung, die vom Nullpunkt ausgeht. Der wunderbare Schritt, den das Kind zurücklegt, führt vom Nichts zum Etwas, und es fällt uns schwer, dieses Wunder verstandesmäßig zu erfassen (...) Das Kind verfügt über andere Kräfte, und die Schöpfung, die es vollbringt, ist keine Kleinigkeit: die Schöpfung des Ganzen. Es schafft nicht nur die Sprache, sondern formt auch die Organe, die es ihm ermöglichen, zu sprechen.*

Jede körperliche Bewegung, jedes Element unserer Intelligenz, alles, womit das menschliche Individuum ausgestattet ist, wird vom Kind geschaffen. Eine wundervolle Eroberung, die unbewusst vollbracht wird. Die Erwachsenen haben ein Bewusstsein: Wenn wir den Willen und den Wunsch haben, etwas zu lernen, so tun wir das, aber das Kind hat kein Bewusstsein und keinen Willen, da beides erst geschaffen werden muss.«[75]

Die Entwicklung des Kindes deutet Montessori als aktive Aufbauarbeit, die nur durch individuelle Anstrengung und eigene Erfahrungen geleistet werden kann, »sie ist die große Arbeit, die jedes Kind vollbringen muss, um sich selbst zu entwickeln (...) Die Entwicklung kann nicht gelehrt werden«[76].

Ihren eigenen empirischen Beitrag zur pädagogischen Forschung sieht Montessori in der experimentellen Ermittlung der »äußeren Anreize« für den sich spontan aufbauenden und organisierenden kindlichen Geist. Maria Montessoris Entwicklungstheorie, deren Schwerpunkt ohne Zweifel auf der wissenschaftlichen Deutung der frühkindlichen Entwicklung liegt, soll nun im Folgenden anhand der zentralen Begriffe des *immanenten Bauplanes,* der *sensiblen Phasen,* und der *Polarisation der kindlichen Aufmerksamkeit* näher erläutert werden.

Die Theorie des immanenten Bauplanes

Die Biologie wird für Montessori zum zentralen Bezugspunkt ihrer Entwicklungstheorie, in deren Zentrum ein universaler »Bauplan der Natur« als Erklärungsschema für jegliche Entwicklungsprozess auf physischem, psychischem und sozialem Bereich steht. Die große Bedeutung, die Maria Montessori der Biologie beimisst, zeigt sich bereits in ihrer *Pädagogischen Anthropologie,* in der sie sich ausführlich und intensiv mit den biologischen Forschungen vor al-

---

75 Das kreative Kind, S. 21.
76 Das kreative Kind, S. 184.

lem von Thomas Henry Huxley und Ernst Haeckel auseinander setzt.

Die Faszination der Embryologie als Wissenschaft besteht für Montessori darin, dass sie sich nicht, wie etwa die Anatomie, mit einem bereits voll entwickelten oder gar schon abgelebten Organismus beschäftigt oder, wie die Pathologie, mit krankhaften Erscheinungsbildern, sondern vielmehr mit dem »schöpferischen Prozess, mit der Art und Weise, wie sich ein bis dahin nicht existierender Körper bildet und endlich in die Welt der Lebewesen eintritt«[77].

Dem Biologen G.F. Wolff war es nach der Entdeckung des Mikroskops gelungen, die lange anerkannte und spekulativ gewonnene Präformationstheorie[78] zu widerlegen, indem er in seiner *Theoria Generationis* nachwies, dass bei der embryonalen Entwicklung zunächst nichts vorherbesteht, sondern dass sich das Leben, einem unsichtbaren Plan folgend, auf Kosten seiner Umgebung im Prozess der embryonalen Entwicklung selbst aufbaut. Der Embryologie war es damit gelungen, dem »Geheimnis der Schöpfung« auf die Spur zu kommen. Die entscheidende Textstelle im Hinblick auf die Übertragung der biologischen »Bauplanthese« auf die geistige Entwicklung des Kindes findet sich in Montessoris Buch *Kinder sind anders*, dort heißt es:

> »Wie jede Keimzelle bereits den Bauplan des ganzen Organismus in sich trägt, ohne dass dieser irgendwie feststellbar wäre, so enthält jedes neugeborene Lebewesen, welcher Gattung immer es angehört, in sich den Bauplan jener psychischen Instinkte und Funktionen, die das Wesen instand setzen sollen, zur Außenwelt in Beziehung zu treten. Das gilt von jedem Wesen, auch vom Insekt (...) Es wäre widersinnig anzunehmen, dass gerade der Mensch, der sich durch die Großartigkeit seines seelischen Lebens von allen anderen Geschöpfen unterscheidet und auszeichnet, als einziger

---

77 Das kreative Kind, S. 32.
78 Die vor allem von Leibniz und Spallanzani vertretene Präformationstheorie ging davon aus, dass das fertige Lebewesen bereits vollständig in der Keimzelle enthalten sei.

*keinen Plan seelischer Entwicklung in sich tragen sollte (...) Die Tatsache, dass das menschliche Neugeborene nicht wie das tierische von allem Anfang an von festen und unabänderlichen Leitinstinkten beherrscht wird, ist ein Zeichen dafür, dass der Mensch **ein gewisses Maß von Handlungsfreiheit** besitzt. Diese macht eine besondere Durchformung erforderlich, die jedes Individuum von sich aus vornehmen muss und deren Ergebnisse daher unvorhersehbar sind. Es gibt also in der kindlichen Seele ein Geheimnis, in das wir nicht eindringen können, wenn das Kind selbst es uns nicht dadurch offenbart, dass es allmählich sich selbst aufbaut. Wieder haben wir es hier mit einer ähnlichen Erscheinung zu tun wie bei der Zellteilung. Hier wie dort vollzieht sich die Entwicklung nach einem unsichtbaren Plan, der auf keine Weise zu erfassen ist und sich erst enthüllt, wenn die Bildung des Organismus in seinen Einzelheiten vor sich geht. So vermag uns nur das Kind selber zu enthüllen, welches der natürliche Bauplan des Menschen ist.«*[79]

Das Fehlen erblich fixierter Verhaltensmuster beim Menschen bedingt seine Erziehungsbedürftigkeit als »besondere Durchformung«, die Montessori im Sinne der Selbsterziehung des Kindes versteht. Durch das intensive Studium der für ihr ganzes Denken maßgeblichen positivistischen Sozialstatistiker und Naturwissenschaftler Quetelet, Viola, Lombroso und Morel wurde Montessori von der weit gehenden Determiniertheit menschlichen Denkens und Handelns überzeugt, sodass sich ihrer Meinung nach die vermeintliche und von den Pädagogen irrtümlich überschätzte Freiheit des Menschen am Ende als bloße Selbsttäuschung entlarven muss oder zumindest auf ein »gewisses Maß« zu beschränken ist.

In der gleichen Weise, in der die Keimzelle mit »gehorsamer Genauigkeit« einen immateriellen Befehl ausführt, gehorcht auch das Kind inneren Direktiven seiner Entwicklung und folgt, zunächst völlig unbewusst, gehorsam seinem immanenten Bauplan, der eine klare Struktur und einen logischen Aufbau in der kindli-

---

[79] Kinder sind anders, S. 26f. (Hervorhebung von der Autorin).

chen Entwicklung vorzeichnet. Der immanente Konstruktionsplan des Kindes »offenbart« sich durch die spontane Aktivität des Kindes, die sich, geleitet von periodisch auftretenden inneren Empfänglichkeiten, bestimmten Ausschnitten seiner Umwelt zuwendet. Die durch wissenschaftliche Beobachtung peripherischer Aktivität gewonnenen Gesetzmäßigkeiten der kindlichen Entwicklung erlauben – so die anthropologische Grundthese und Hoffnung der gesamten Pädagogik Montessoris – die Rekonstruktion eines allgemeinen Bauplanes und die Formulierung einer für alle Kinder gleichermaßen geltenden Erziehungsmethode.

Durch die intensive Wechselwirkung zwischen dem geistigen Embryo und seiner Umwelt strukturiert und vervollkommnet sich der innere geistige Aufbau des Individuums, das heißt im Kind »ist die schöpferische Haltung, die potentielle Energie vorhanden, die es befähigt, auf Grund seiner Umwelteindrücke eine seelische Welt aufzubauen«[80].

In Anlehnung an die Embryologie misst Montessori der frühkindlichen psychoembryonalen Entwicklungsphase eine entscheidende Bedeutung für die kindliche Entwicklung bei. Von einer zunächst völlig undifferenzierten und allgemeinen Entwicklungspotenzialität aus lässt sich die Entfaltung der kindlichen Personalität als ein Prozess der zunehmenden inneren Differenzierung und Determination schrittweise verfolgen.

Die embryonale Entwicklung beginnt mit der Teilung der Keimzelle und der damit einsetzenden Zellvermehrung, so »als ob der Aufbau intelligenterweise mit dem Ansammeln von Bausteinen beginnen würde«[81]. Der weitere Verlauf der Entwicklung erfolgt von der Differenzierung und Spezialisierung der Zellen über die Bildung der Organe zur funktionellen Einheit des gesamten Organismus. Dieser allgemeinen Entwicklungsstruktur folgt auch die postnatale psychoembryonale Entwicklung des Kindes, das mit Hilfe des *absorbierenden Geistes* zunächst sinnliche Eindrücke sam-

80 A.a.O., S. 47f.
81 Das kreative Kind, S. 35f.

melt, sie analysiert und differenziert, um sie schließlich in einem »komplexen Ideensystem« zu organisieren.

Analog zur Keimzelle geht auch die menschliche Psyche zunächst »vom Nichts« aus, insofern das neugeborene Kind weder über Bewusstsein noch über ein Gedächtnis oder einen Willen verfügt. »Im Neugeborenen scheint auch psychisch nichts aufgebaut zu sein, so wie sich auch kein fertiger Mensch in der ersten Zelle befand. Am Anfang steht das Werk der Materialanhäufung, genau wie wir ein Anhäufen der Zellen durch die Zellteilung beobachtet haben. Im psychischen Bereich wird die Anhäufung durch den absorbierenden Geist bewirkt.«[82]

Bilden sich im Verlauf der embryonalen Entwicklung die einzelnen Organe zunächst getrennt voneinander, so erwirbt sich auch der geistige Embryo seine Funktionen einzeln, wobei jede neue Fähigkeit von inneren Sensitivitätszentren aus vorbereitet wird, die im Kind starke Interessen für bestimmte Aktivitäten wachrufen und das Kind veranlassen, durch lang andauernde Übung eine bestimmte Funktion zu entwickeln und zu vervollkommnen. Keine dieser inneren Sensitivitäten füllt jedoch die gesamte Wachstumsperiode aus, sodass die Entwicklung des Kindes nicht im Sinne eines linearen Fortschreitens zu verstehen ist, sondern deutlich voneinander unterschiedene Entwicklungsphasen mit spezifischen Sensibilitäten und Aktivitätsmomenten erkennen lässt.

Theorie sensibler Phasen

Mit ihrer Theorie der selektiven Wahrnehmung distanziert sich Montessori von der materialistischen Psychologie und dem englischen Empirismus. Gegen John Locke und Herbert Spencer führt sie ins Feld, dass der kindliche Verstand eben nicht als ein »indifferenter Tonboden« anzusehen sei, auf den die äußeren Sinneseindrücke niederregnen und tiefe Spuren hinterlassen. Die empiristische Auffassung, dass die Erfahrungen den Geist konstruieren und

82 A.a.O., S. 41f.

der Mensch als »psychischer homunculus« konsequenterweise über das Arrangement der Erfahrungen regelrecht »fabrizierbar« wäre, lehnt Montessori mit ihrer neurowissenschaftlich und kognitionspsychologisch untermauerten Lerntheorie ab.[83] Montessori teilt zwar mit den Empiristen die sensualistische Auffassung, dass sich der kindliche Verstand durch Aufnahme und Verarbeitung sinnlicher Erfahrungen aufbaut und nur über diesen Weg seine inhaltliche Bestimmung erhält. Nach der entwicklungstheoretischen Auffassung Montessoris ist es jedoch der geistige Organismus, das kognitive System, das selektiv aus seiner Umwelt nimmt, was es für seinen Selbstaufbau jeweils benötigt. Geleitet von inneren, im Konstruktionsplan festgelegten Sensitivitäten lenkt das Kind seine Aufmerksamkeit auf ganz bestimmte Ausschnitte der umgebenden Wirklichkeit, während andere Bereiche oder Gegenstände völlig unbeachtet bleiben. Die »ungreifbare Aufmerksamkeit der Kinder« müsste, so Montessori, »uns den Hinweis geben, dass auch der psychische Mensch ähnlichen Gesetzen der Selbsterschaffung« unterliegt.[84] Das Kind konstruiert sich seine innere geistige Welt durch eine selektive Aufnahme und Verarbeitung äußerer Reize. Das kindliche Interesse richtet sich zielstrebig auf die Gegenstände, die es in einer bestimmten Entwicklungsphase für sein geistiges Wachstum benötigt, sodass es letztendlich der Gegenstand selbst ist, der das Interesse des Kindes weckt und konstant bindet, und nicht die Erzieherin bzw. der Lehrer. Innere Sensitivitäten als erhöhte Aufnahmebereitschaft für äußere Reize rufen im Kind spontane Aktivitäten hervor, die es von innen heraus für äußere Reize empfänglich machen.

Im Anschluss an den Psychologen William James bezeichnet Montessori diese inneren Sensibilitäten als eine »spirituelle Kraft« und als einen der »geheimnisvollen Faktoren« der geistigen Entwicklung.[85] Die Entwicklungsspontaneität liegt dabei im Kind, so-

---

83 Schule des Kindes, S. 151.
84 A.a.O.
85 A.a.O., S. 151. William James (1842–1910) gilt als der Begründer des radikalen Empirismus und als Wegbereiter des Pragmatismus. Die von Mon-

dass das Interesse des Kindes und die dadurch hervorgerufene Aktivität als Ursache und nicht als bloße Reaktion auf äußere Faktoren angesehen werden muss. Ohne diese von Innen her aufbrechende Sensibilität gingen die Reize unbemerkt und unbeachtet vorüber. Dem Kind wird somit von der Natur ein strenges Entwicklungsprogramm mit »festen Zeitregeln« auferlegt, dem es zumindest in seiner frühen Entwicklungsphase unbewusst folgt. Das Interesse des Kindes wendet sich dabei nicht indifferent und beliebig allen Gegenständen zu, sondern wird durch angeborene individuelle Neigungen bestimmt, die seinen eigentümlichen Charakter, das heißt seine sich zunehmend herauskristallisierende innere Form bestimmen. Montessori formuliert diesen Gedanken folgendermaßen:

> »Die Erfahrungen, mit denen jeder sein eigenes Ich in der Verbindung mit der äußeren Welt erbaut, bilden kein Chaos, sondern werden von den inneren individuellen Neigungen geleitet.«[86]

Die Entwicklung des Kindes als Prozess des Selbstaufbaus wird durch eine Aufeinanderfolge von aus dem Unterbewussten auftauchenden sensiblen Phasen bestimmt, die bei ihrer Berührung mit der Umwelt zur Bildung des menschlichen Bewusstseins führen. Aufgrund eines spontanen inneren Impulses, den Montessori als ein unbestimmtes Gefühl »geistigen Hungers« bezeichnet, richtet das Kind seine Aufmerksamkeit auf einen selbst gewählten Gegenstand, um durch Unterscheiden, Vergleichen, Erkennen von Ähnlichkeiten und Urteilen zu einer zwar noch »primitiven, aber komplexen, wiederholten Übung der Intelligenz« und damit zu einer inneren Entwicklung zu gelangen.[87] Die Vervollkommnung der geistigen Organe und das Erreichen einer »intellektuellen Reife« ist

---

tessori vorgenommene Zuordnung des Psychologen und Philosophen James zur Schule einer spiritualistischen Psychologie erscheint daher mehr als fragwürdig.

86 A.a.O., S. 152.
87 A.a.O., S. 145.

an die wiederholte und ausdauernde Übung durch das Individuum gebunden. So wie das Kind seine zunächst unkoordinierten und unbeherrschten Bewegungen durch Übung zunehmend unter Kontrolle bekommt und verfeinert, bindet Montessori auch die geistige Entwicklung des Kindes an lange Übungsphasen. Zu diesem Zweck muss dem Kind die Möglichkeit eingeräumt werden, nicht nur aus einem differenzierten Lernangebot frei zu wählen, sondern auch über die Arbeitsdauer gemäß dem eigenen Lernbedürfnis selbst zu entscheiden. »Um den Durst zu stillen, genügt es nicht, das Wasser zu sehen oder nur zu kosten, sondern man muss sich satt trinken, d.h., es muss gerade die Menge Wasser aufgenommen werden, die der Organismus benötigt. So genügt es nicht, um diese Art psychischen Hunger oder Durst zu sättigen, die Dinge flüchtig zu sehen oder gar ihre Beschreibung zu hören; sondern man muss sie so lange besitzen und gebrauchen, wie es für die Bedürfnisse des inneren Lebens notwendig ist.«[88]

Montessori weist wiederholt darauf hin, dass sowohl die intellektuellen Funktionen des Kindes, wie etwa gezielte Wahrnehmung, Sprache, gedankliche Verknüpfung, der Übergang zur Abstraktion, als auch die Koordinierung und Vervollkommnung motorischer Fertigkeiten lange Phasen der inneren Vorbereitung und einen Zustand der »lokalisierten Reife« erfordern, bevor sie tatsächlich als Errungenschaft des Kindes nach außen hin in Erscheinung treten. So beginnt etwa die sensible Phase des Spracherwerbs lange bevor das Kind tatsächlich zu sprechen beginnt. Diese verborgene Vorbereitungsleistung des Kindes äußert sich in einer Reihe von spontanen Aktivitäten, die für den Erwachsenen zunächst durchaus sinnlos erscheinen und vom Kind unter Umständen oftmals wiederholt werden, ohne dass dabei ein äußerer Zweck direkt erkennbar wäre. Das Ziel der Aktivität muss, so die Folgerung Montessoris, im Kind selbst gesucht werden, und nicht in der Handlung an sich oder ihrem objektiven Zweck.[89]

88 A.a.O., S. 146.
89 Vgl. hierzu Mario Montessori: Erziehung zum Menschen. Montessori – Pädagogik heute. Frankfurt a.M. 1997, S. 45.

Montessori konstruiert ihre Theorie sensibler Phasen in enger Anlehnung an den holländischen Biologen Hugo de Vries (1848–1935), der das Vorhandensein innerer Sensitivitäten zuerst bei jenen Insektenarten feststellen konnte, die klar erkennbare Metamorphosen durchlaufen. Die klassische Definition sensibler Phasen findet sich in Montessoris Schrift *Kinder sind anders*. Dort heißt es: »Es handelt sich um besondere Empfänglichkeiten, die in der Entwicklung, das heißt im Kindesalter der Lebewesen auftreten. Sie sind von vorübergehender Dauer und dienen nur dazu, dem Wesen die Erwerbung einer bestimmten Fähigkeit zu ermöglichen. Sobald dies geschehen ist, klingt die betreffende Empfänglichkeit wieder ab. So entwickelt sich jeder Charakterzug auf Grund eines Impulses und während einer eng begrenzten Zeitspanne. Das Wachstum etwa ist nicht ein unbestimmtes Werden, ererbt und dem Lebewesen eingeboren, sondern das Ergebnis einer inneren Arbeit, die von periodisch auftretenden Instinkten sorgfältig geleitet wird. Diese Instinkte nötigen das Lebewesen in gewissen Stadien seiner Entwicklung zu einem Energieaufwand, der sich oft einschneidend von dem des erwachsenen Individuums unterscheidet.«[90]

Die Annahme sensibler Phasen eröffnet dem Erwachsenen den Weg zum Verständnis kindlichen Verhaltens und damit zugleich zu einer grundlegenden Reform der Erziehung. Auf diese periodisch verlaufenden Phasen von einerseits gesteigerter Sensibilität, die das Kind zu »bewunderungswürdigsten Leistungen« befähigt, und andererseits von Perioden einer Gleichgültigkeit, die »blind und leistungsunfähig« macht, kann der Erzieher von außen in keiner Weise beschleunigend oder verzögernd einwirken.

Das Kind erwirbt sich neue Fähigkeiten auf mühelose und unbewusste Art und Weise während solcher sensiblen Phasen oder Empfänglichkeitsperioden, die das Kind in einen intensiven Kontakt zu seiner Umwelt setzen und seine Aktivität gezielt auf die Erwerbung einer bestimmten Funktion konzentrieren. Das durch die Beobachtung peripherischer Aktivität des Kindes offensichtlich werdende Wirken der sensiblen Phasen lüftet für einen Moment den »Erkenntnisschleier«, der sich über den inneren Bauplan des Kindes legt. Wie durch eine Ritze können wir, so Montessori, während einer sensiblen Phase in das »werdende Seelenleben« des Kindes hineinschauen. Wir sehen dann »die inneren Organe dieser Seele am Werk, psychisches Wachstum hervorzubringen«[91].

Die psychische Entwicklung erfolgt weder zufällig noch wird sie von äußeren Reizen und Eindrücken verursacht, sondern die Abfolge sensibler Phasen zeigt eine »Logik der Natur«, die Montessori dem lehrplanorientierten Schulunterricht gegenüberstellt. Während der Schüler in der herkömmlichen Schule ein an der Systematik des Faches orientiertes Wissen überwiegend rezeptiv aufnimmt, erreicht die Natur ihr Ziel mit Hilfe »instinktiver Interessen« von bestimmter Dauer und Intensität, die kindliches Lernen jenseits von autoritärem Drill und festgelegten Stundenplänen ermöglicht. Zu diesem Zweck hat die Natur, so die Meinung Montessoris, für den Erwerb jeder Art von Können und Wissen und selbst für die Herausbildung des Charakters eine bestimmte Zeitspanne mit starken inneren Empfänglichkeiten festgesetzt. Von daher fordert Montessori mit Nachdruck eine pädagogisch-didaktische Orientierung an den sensiblen Entwicklungsphasen des Kindes. Sowohl die systematische Förderung kindlicher Entwicklung, als auch die didaktische Unterweisung in der Schule hat sich nach diesen sensitiven Phasen zu richten, um dem Kind auf Grund seiner erhöhten Lernbereitschaft den mühelosen Erwerb von Kenntnissen und Fertigkeiten zu ermöglichen. Einen wesentlichen Grund für auftretende Lernschwierigkeiten in der Schule sieht Montessori in der Nichtbeachtung sensibler Phasen. Verstreicht eine solche Sensibilität ohne entsprechende Förderung, kann eine bestimmte Fähigkeit nur noch »mit reflektierender Tätigkeit, mit Aufwand von Willenskraft, mit Mühe und Anstrengung« erworben werden.[92] Sensible Phasen sind im Verständnis Montessoris insofern irreversibel, als nur sie dem Kind die Möglichkeit bieten, leicht und spielend zu lernen. Die Materialien zur Sinneserziehung erfüllen innerhalb des

91 A.a.O.
92 A.a.O., S. 50.

Materialsystems dabei immer auch eine diagnostische Funktion, die eventuelle Entwicklungsdefizite aufdecken und eine psychomotorische Therapie einleiten sollen.

Der absorbierende Geist und die Mneme

Die psychoembryonale Entwicklungsphase von 0 bis 3 Jahren ist durch die unbewusste Tätigkeit des *absorbierenden Geistes* gekennzeichnet, der nach dem Prinzip der Materialanhäufung zunächst unbewusst und unkritisch Bilder sammelt und in einem unterbewussten biologischen Gedächtnis, der *Mneme*, dauerhaft speichert. Wie ein trockener Schwamm saugt der kindliche Geist ganzheitlich Eindrücke in sich auf, um sie als so genannte *Engramme* im Unterbewussten zu fixieren.[93] Das Kind nimmt in der psychoembryonalen Entwicklung nicht bewusst wahr, sondern absorbiert unreflektiert die soziokulturelle Nahrung aus seiner Umgebung. Durch diese Eindrücke formt und strukturiert sich der kindliche Geist, das heißt, das Kind schafft sich gleichsam, mit den Worten Montessoris, sein »geistiges Fleisch«, indem es die aufgesogenen Bilder geradezu »inkarniert«.

Der biologische Begriff der Mneme wurde von dem Zoologen Richard Semon (1859–1918) geprägt, der damit eine nicht nur dem Menschen vorbehaltene, sondern allen Lebewesen gemeinsame allgemeine organische Fähigkeit bezeichnet, lebenswichtige Erfahrungen zu speichern, die in der Nervensubstanz bleibende Veränderungen hervorrufen.[94]

93 Unter einem Engramm (»Eingezeichnetes«), versteht man die physiologische Spur bzw. Veränderung, die ein Sinneseindruck im »organischen Gedächtnis« (Mneme) bleibend hinterlässt.

94 Semon, R.: Die Mneme als erhaltendes Prinzip im Wechsel des organischen Geschehens, München 1904. Bereits in der griechischen Philosophie wurde deutlich zwischen Mneme und Anamnesis unterschieden. Aristoteles sprach den Tieren eine Art Gedächtnis (Mneme) und dadurch ein gewisses Maß an Lernfähigkeit zu. Vgl. dazu Koch, L.: Logik des Lernens. Weinheim 1991, bes. § 15: Lernen, Einbildungskraft und Gedächtnis, S. 66ff.

Obwohl nahezu alle Erfahrungen in der Mneme gespeichert werden, durchdringt nur ein sehr kleiner Teil als Gedächtnis die Grenzen des Bewusstseins. Die Bedeutung für das spätere didaktische Lernen sieht Montessori darin, dass die gespeicherten Erfahrungen relativ mühelos in das Bewusstsein gerufen werden können, wodurch ein schnelles und leichtes Erfassen und Begreifen derjenigen Gegenstände ermöglicht wird, die zuvor in der Mneme festgehalten wurden. Montessori schreibt dem Sammeln solcher Engramme, die sich zunehmend selbst zu komplexen psychischen Strukturen vernetzen und organisieren, eine weit größere Bedeutung für die kindliche Intelligenzentwicklung zu als dem bewussten Lernen. Das Spezifische ihrer eigenen »Methode« sieht Montessori gerade darin, dass den Kindern in Kinderhaus und Schule die Möglichkeit eingeräumt wird, durch andauernde und wechselnde Erfahrungen Engramme zu sammeln und zu verstärken, während sich der herkömmliche Schulunterricht ausschließlich darauf beschränkt, reines Faktenwissen im bewussten Gedächtnis zu speichern.

Montessori nimmt im Kind einen inneren vitalen Drang bzw. eine schöpferische Entwicklungskraft an, die das Kind zur spontanen Aktivität und damit zum Sammeln von Engrammen veranlasst. Die Vernetzung von Engrammen erfolgt dabei spontan und ist von viel größerer aktiver Dauer als jede durch eine didaktische Unterrichtsführung veranlasste Gedankenkette. »So kann man sagen, dass jeder Mensch seine intelligenteste Tätigkeit im Unterbewussten vollbringt, wo die Engramme psychische Komplexe unbewusst aufbauen. Sie schaffen mehr als eine Gedankenverbindung, denn sie organisieren sich selbst.«[95] Dieses unbewusste Sammeln und Speichern von Engrammen sieht Montessori nicht nur als wesentliche Grundlage aller kognitiven Lernprozesse an, sondern dieser unbewussten Intelligenzleistung verdankt der Wissenschaftler seine innovativen Ideen und der Künstler seine Inspirationen.

Der schulische Unterricht sollte von daher auf das mühselige Auswendiglernen von Fakten verzichten und stattdessen den Schü-

---

95 Kosmische Erziehung, S. 53.

lern das Einprägen von Engrammen ermöglichen, um dadurch »leicht nehmend« zu lernen. Große Bedeutung kommt in diesem Zusammenhang den sensiblen Phasen zu, in denen das Kind auf Grund starker natürlicher Interessen seine Aufmerksamkeit auf einen selbst gewählten Gegenstand polarisiert und durch die Wiederholung der Übung Engramme verstärkt und vernetzt. Eine im Verhalten der Kinder oft zu beobachtende »meditative Phase« im Anschluss an eine konzentrierte Arbeit weist auf einen inneren Prozess der Verarbeitung der Sinneseindrücke hin.

Dieses neurobiologische Modell der Engramme wird für Montessoris Lerntheorie insofern grundlegend, als sie alles spätere Lernen im Wesentlichen als eine bewusst machende Erhellung und als einen differenzierenden Ausbau dieser Engramme begreift. Von daher rührt unter anderem die zentrale Stellung der Sinneserziehung und der didaktischen Maxime des unbewussten und indirekten Lernens. Dieses Prinzip lässt sich am Beispiel der indirekten Förderung des mathematischen Geistes anschaulich erläutern. Die Lernschwierigkeiten, die viele Kinder in der Schule mit der Mathematik empfinden, führt Montessori auf die Tatsache zurück, dass die Kinder in ihrer natürlichen Umgebung nicht die Gelegenheit haben, mathematische Engramme zu sammeln, um durch sie ihren mathematischen Geist spontan zu entwickeln. Bereits die *Übungen des täglichen Lebens* und im besonderen Maße die *Sinnesmaterialien* zielen von daher auf die indirekte Förderung des mathematischen Geistes.

Innerhalb der *Übungen des täglichen Lebens* beispielsweise dient das Falten von Tüchern der indirekten Vorbereitung auf die Geometrie. Dem Kind werden verschiedene quadratische Tücher mit aufgestickten horizontalen und vertikalen Linien vorgelegt. Durch das Falten der Tücher gemäß den vorgegebenen Linien übt das Kind nicht nur die Koordination der Bewegungen, sondern »absorbiert« geometrische Formen und Flächeneinteilungen, die sich als Engramme in seinem unbewussten Gedächtnis einprägen. Materialien aus dem Bereich der Sinneserziehung, wie zum Beispiel der Rosa Turm, die Braune Treppe, die Roten Stangen und die Einsatzzylinderblöcke, bestehen aus zehn abgestuften Elementen, die auf indirekte Weise das Dezimalsystem und den Zahlenbegriff bis zur 10 vorbereiten.

Mit Hilfe des so genannten *Goldenen Perlenmaterials* wird das Kind handgreiflich und sinnenfällig mit den vier Grundrechenarten der Addition, Subtraktion, Multiplikation und Division vertraut gemacht. Auch die spätere kognitive Erfassung des pythagoreischen Lehrsatzes bereitet Montessori durch solche Engramme vor, indem sie den Kindern bereits im Vorschulalter Materialien an die Hand gibt, mit denen sie die Addition der beiden Kathedenquadrate eines rechtwinkeligen Dreiecks zur Summe des Hypotenusenquadrates vollziehen und unbewusst erfahren lässt. Mit Hilfe des Trinomischen Kubus wird die Formel $(a+b+c)^3$ wie von selbst sichtbar.[96]

Dieses Prinzip der *indirekten Vorbereitung* auf spätere Lernschritte bezeichnet Montessori selber als den wesentlichen Teil ihrer Methode.[97]

Durch Beobachtung konnte Montessori feststellen, dass Kinder im Alter zwischen drei und sechs Jahren über eine nahezu unbegrenzte Aufnahmefähigkeit verfügen, die in dieser Intensität in der nächsten Entwicklungsstufe (6 bis 12 Jahre) nicht mehr vorliegt. Selbst eine sehr schwierige wissenschaftliche Terminologie wird von den Kindern in diesem Alter in Zusammenhang mit der natürlichen Erforschung der Umgebung leicht »erlernt« und kann dann im weiterführenden Fachunterricht mühelos angewandt werden. Das Interesse für (natur-)wissenschaftliches Arbeiten und eine entsprechende Forschungshaltung wird, so die Überzeugung Montessoris, bereits in einer frühen Phase der kindlichen Entwicklung grundgelegt, sodass die Kinder bereits im Kinderhaus zu naturwissenschaftlichen Studien und zur exakten Beobachtung der Wirklichkeit angehalten werden. Dieses Prinzip des unbewussten Ler-

---

96 Vgl. hierzu Schaffrath, A.: Lernen mit Augen und Händen. Mathematik in der Montessori-Schule. In: Winkels, T. (Hrsg.): Montessori-Pädagogik konkret. Praxisorientierte Aspekte und schulische Konzeptionen. Bad Heilbrunn 2000, S. 208–212.

97 Das kreative Kind, S. 154.

nens gilt auch für das Alter von 6 bis 12 Jahren, in dem, so Montessori, der »Keim der Wissenschaften« gelegt wird; es kann also im Elementarbereich nicht darum gehen, dem Kind eine Wissenschaft möglichst vollständig darzustellen, sondern das didaktische Ziel sollte darin gesehen werden, Interessenskeime in möglichst großer Zahl zu legen, die im weiterführenden Unterricht als Motivationshilfe für exakte Detailstudien dienen.

Dies ist die Periode, so Montessori, »in der die Saat von allem gesät werden kann und der Geist des Kindes wie ein fruchtbares Feld bereit liegt zu empfangen, was zur Bildung keimen will (...) im Alter von sechs Jahren werden alle Einzelheiten der Kultur begeistert aufgenommen; und später werden diese Samen sich ausdehnen und wachsen. Wenn ich gefragt werde, wie viele Samen gesät werden sollen, ist meine Antwort: So viele wie möglich (...) nicht in einem ihm aufgezwungenen Lehrplan oder mit aller Detailgenauigkeit, sondern in dem breitwürfigen Säen einer Höchstzahl von Interessensamen. Diese werden leicht im Geist festgehalten, aber späterer Keimung fähig sein.«[98]

Die von Maria Montessori vorgelegte Theorie frühkindlicher Entwicklung repräsentiert nicht nur den wissenschaftlichen Erkenntnisstand ihrer Zeit, sondern findet auch durch moderne neurowissenschaftliche Forschungen in vielen Punkten eine naturwissenschaftliche Bestätigung.[99]

Eine Übereinstimmung herrscht innerhalb der aktuellen Neurowissenschaften weitgehend darüber, dass die strukturelle Ausformung des Nervensystems durch die Verarbeitung von Umweltreizen erfolgt. Frühkindliche Erfahrungen strukturieren so das Gehirn und formen es wie »Plastilin«, wobei sowohl die Quantität als auch die Qualität der vom Kind in sensiblen oder kritischen Entwicklungsphasen aufgenommenen Reize über Dichte und Leistungs-

---

98 Kosmische Erziehung, S. 38.
99 Vgl. dazu u.a. Vester, F.: Denken, Lernen, Vergessen. München 1978. Dichigans, J.: Die Plastizität des Nervensystems. Konsequenzen für die Pädagogik. In: Zeitschrift für Pädagogik 40/1994, S. 229–246; Haken, H.: Entstehung von biologischer Information und Ordnung. Darmstadt 1995.

fähigkeit der neuronalen Strukturen entscheiden.[100] Bei der Geburt liegt lediglich der Grundbauplan der neuronalen Vernetzungen vor, während der Feinausbau von Umweltreizen und tätigen Erfahrungen in einer jeweiligen Umwelt abhängig ist. »Neurone formieren sich erst durch den sensorischen Input, also durch akustische, visuelle und taktile Reize.«[101] In so genannten sensiblen oder kritischen Entwicklungsphasen (zeitlich begrenzte Phasen der Plastizität) werden bestimmte Fähigkeiten besonders leicht und dauerhaft erworben, indem explosionsartig neue Verbindungen und neuronale Vernetzungen hergestellt werden. Der Begriff der Entwicklungskrise findet sich bereits bei Montessori. So schreibt sie in ihrer Schule des Kindes: »Ähnliche Krisen treten auch bei dem Entstehen einer psychischen Ordnung auf, die der Beginn für die progressive Entwicklung des inneren Lebens ist.«[102]

Auf die zentrale Bedeutung der Umwelt für die Entfaltung der genetischen Anlagen des Menschen hat unter anderem Lothar Pickenhain hingewiesen. Entscheidend für die optimale Ausprägung der genetischen Anlagen sind vor allem epigenetische Bedingungen. Die ererbten genetischen Potenzen sind »auf ein allgemeines Entwicklungsziel programmiert, z.B. Leben in einer sozialen, kognitiv geprägten Gemeinschaft. Dieses Ziel kann aber nur erreicht werden, wenn zum richtigen Zeitpunkt die erforderlichen Entwicklungsbedingungen vorhanden sind. In der Gebärmutter sind diese von Natur aus gegeben. Nach der Geburt und im frühen Kindesalter muss die soziale Umwelt sie bewusst schaffen.«[103]

100 Vgl. hierzu Fischer, R.: Sensible Phasen. In: Winkels, T. (Hrsg.): Montessori-Pädagogik konkret. Praxisorientierte Aspekte und schulische Konzeptionen. Bad Heilbrunn 2000, S. 42–60.
101 Miketta/Siefer/Begley: Kindergehirn – Kluge Köpfchen. Focus Nr. 10, S. 160–166, zitiert nach Fischer, S. 53.
102 Schule des Kindes, S. 90.
103 Vgl. Pickenhain, L.: Neuro- und verhaltenswissenschaftliche Grundlagen der aktiven Selbstentwicklung des Kindes. Zu den wissenschaftlichen Grundlagen der Montessori-Pädagogik. In: Das Kind, Halbjahrsschrift für Montessori-Pädagogik, 2. Halbjahr 1995/Heft 18, S. 57–78.

Montessori fordert daher bereits für das Neugeborene eine pädagogisch gestaltete Umgebung, aus der das Kind geordnete Reize aufnehmen kann. Eine leicht überschaubare, klar strukturierte und geordnete Umwelt soll dem Kind die innere Organisation und den Aufbau elementarer Ordnungsschemata erleichtern.

Nicht nur die intellektuelle Entwicklung des Kindes, sondern auch seine Sozialisation und Enkulturation wird maßgeblich durch die Leistung des *absorbierenden Geistes* in der frühkindlichen Entwicklung vorbereitet. Durch dieses nur dem Kleinkind eigene unbewusste und damit auch unkritische Absorbieren vorgefundener kultureller Eigenarten (Sprache, Religion, Sitte, Gebräuche) kommt es zu einem intensiven Assimilationsprozess von kindlichem Geist und Kultur, und dieser lässt das Kind zu einem Mitglied gerade dieser und keiner anderen Gesellschaft werden. In dieser enormen Leistung der Anpassung des sich entwickelnden Menschen an ein bestimmtes kulturelles Umfeld sieht Montessori unter anderem die Sonderstellung des Menschen gegenüber dem Tier begründet. Das Alter von drei bis sechs Jahren wird von Montessori als die Entwicklungsphase gedeutet, in der die zuvor embryonal aufgebauten intellektuellen, motorischen und auch sozialen Funktionen perfektioniert und endgültig in der Mneme gespeichert werden. Dabei ist Montessori von der weit gehenden Irreversibilität der prägenden Einflüsse überzeugt. Keine Erziehung kann, so Montessori, später auslöschen, »was in der konstruktiven Epoche der Kindheit inkarniert wurde«[104].

Nicht nur soziales Verhalten, sondern auch Denk- und Wertungsmuster werden in der frühen Kindheit absorbiert und als Engramme in der Mneme gespeichert: »Diese Mneme, die als ein höheres natürliches Gedächtnis betrachtet werden kann, schafft nicht nur die Charakteristika, sondern hält sie im Individuum wach. Das, was vom Kind geformt wird, bleibt für immer in der Persona-

---

104 Das kreative Kind, S. 161.

lität erhalten (…) Erwachsene Individuen umändern zu wollen, ist ein vergeblicher Versuch.«[105]

Der Begriff der »formativen Erfahrung« wird für Montessori von daher zur zentralen Idee ihrer Sozialerziehung. Die Art und Weise zu denken und zu werten, Konfliktsituationen zu lösen und sich in einer sozialen Gemeinschaft zu bewegen, werden in dieser Entwicklungsphase erworben und prägen den individuellen Charakter eines Menschen.

In dieser Entwicklungsphase sieht Montessori auch die Chance auf Realisierung ihrer sozialreformerischen Idee gegeben, durch die Kultivierung der Umgangsformen die Kluft zwischen Arbeiterklasse und der gehobeneren Gesellschaftsschicht zu überbrücken. Ungeschliffene Umgangsformen und grobschlächtige Bewegungen, verbunden mit einem mangelhaften sprachlichen Ausdruck (in diesem Alter prägen sich die Eigenarten eines Dialektes ein) verraten die niedere soziale Herkunft eines Menschen und haften ihm ein Leben lang als »Stigma von Minderwertigkeit« an. Im Kindergartenalter befinden sich die Kinder in der sensiblen Phase der Vervollkommnung und Koordinierung der Bewegung und sind daher, so Montessori, »in der kostbaren und flüchtigen Epoche des endgültigen Aufbaus«[106]. In dieser Zeit besteht die Möglichkeit, die Kinder mühelos in die *Analyse der Bewegung* einzuführen, indem man eine komplexe Handlung in ihre einzelnen Teilschritte zerlegt, um dem Kind die Möglichkeit zu geben, die einzelnen Schritte getrennt zu üben. Diese Analyse der Bewegungen führt durch ausdauernde Übung sowohl zu einer exakten Aufeinanderfolge der Teilschritte als auch zu einer »Sparsamkeit der Bewegung«, die für Montessori einen kultivierten Menschen auszeichnet: »Keine für einen bestimmten Zweck überflüssige Bewegung zu machen ist letzten Endes der höchste Grad an Vollkommenheit. Daraus ergibt sich dann die ästhetische Bewegung, die künstlerische Haltung.«[107]

---

105 A.a.O., S. 60.
106 Die Entdeckung des Kindes, S. 99.
107 A.a.O.

Durch die eng an alltägliche Hausarbeiten angelehnten Übungen des täglichen Lebens prägen sich dem Kind nicht nur kulturspezifische Verhaltensmuster ein, sondern es lernt durch diese Übungen seine Handlungen vollkommen zu beherrschen und dabei eine würdevolle und anmutige Haltung einzunehmen. Die pädagogisch vorbereitete Umgebung in einem Montessori-Kinderhaus ist so arrangiert, dass die (wie ein kleiner Haushalt gestaltete) Umgebung eine »Selbsterziehung« des Kindes geradezu provoziert.

> *»Wirft ein Kind durch eine ungeschickte Bewegung einen Stuhl um, der mit Geräusch zu Boden fällt, so erhält es hiermit einen eindringlichen Beweis seiner eigenen Ungeschicklichkeit (…) So hat das Kind einen Anhaltspunkt, sich selbst zu verbessern.«*[108]

Die Umgebung wird zum unerbittlichen Erzieher, der dem Kind permanent seine eigene Unzulänglichkeit vor Augen führt und das Kind auffordert, sich kontrolliert, anmutig und einsichtig zu bewegen. Erklärtes Ziel der Erziehung im Kinderhaus ist es, aus dem Kind einen »durch Gewohnheit und Praxis« korrekten Menschen entstehen zu lassen. Durch andauernde Übung von zunächst unscheinbaren Handlungen werden im Kind erwünschte Haltungen fixiert.

Die Gewöhnung an Disziplin und Ordnung wird unter Umständen durch direkte Erziehungsmaßnahmen unterstützt. So heißt es bei Montessori: »Die Freiheit des Kindes muss als Grenze das Gemeinwohl haben, als Form das, was wir als Wohlerzogenheit bei seinen Manieren und seinem Auftreten bezeichnen. Wir müssen also dem Kind all das verbieten, was die anderen kränken oder ihnen schaden kann oder was als unschickliche oder unfreundliche Handlung gilt.«

Dem bereits in der frühen Montessori-Rezeption vehement gegen Montessori erhobenen Vorwurf, dass diese Übungen in mechanischen Drill und beinahe dressurmäßiges Abrichten der Kinder ausarten, begegnet Montessori mit der entwicklungspsychologischen These, dass sich das Kind, »das mit der Geduld eines Knech-

108 Selbsttätige Erziehung, S. 79.

tes arbeitet und jede Bewegung analysiert (...), sich glücklich ganz und gar in diese Opfer stürzt«, da dies einem spezifischen Entwicklungsbedürfnis dieses Alters entspricht.[109]

In dieser Phase seiner Entwicklung ist das Kind im Verständnis Montessoris nahezu unbegrenzt von außen in seiner Entwicklung beeinflussbar und formbar oder, wie Montessori an den englischen Empiristen so scharf kritisierte, durch das subtile Arrangement formativer Erfahrungen geradezu »fabrizierbar«. Auch Montessori ist offensichtlich, auch wenn sie sich äußerlich mit starken Worten dagegen verwehrt, innerlich von der Idee des »pädagogischen Homunculus« fasziniert: »Die Umgebung ist das Mittel, mit dem wir den großen Einfluss auf die Kinder ausüben können; denn das Kind absorbiert die Umgebung, nimmt alles aus der Umgebung und inkarniert es. Mit seinen unendlichen Möglichkeiten kann es die Menschheit umgestalten, so wie es sie auch schafft.«[110]

Ihr Bild des Kindes als eines ruhigen, anmutigen, vollkommen disziplinierten und angepassten Wesens, das bereits mit wissenschaftlicher Exaktheit konzentriert arbeitet, hält Montessori in dieser Phase der irreversiblen Prägung für durchaus realisierbar. Gegen diese Vorstellung, die Erziehung habe ein bestimmtes Menschenbild mit methodischer Strenge und mit wissenschaftlicher Anleitung zu realisieren, ist jedoch zweierlei einzuwenden: Erstens ist ein solches Bild des Kindes so eng gefasst, dass es unausweichlich zu einem autoritären Formenwollen hintendiert, und zweitens müsste sich Montessori eigentlich klar darüber sein, dass ein solches modellartig genommenes Prägebild mit kindlicher Freiheit unvereinbar ist. Das Montessori-Kinderhaus wird damit, im deutlichen Gegensatz zu Montessoris Forderung nach kindlicher Freiheit, zum Ort einer »Homokultur«, an dem in Analogie zur Agrikultur erwünschte Verhaltensweisen gesät und gefördert werden. Das geradezu »Magische« dieser kindlichen Entwicklungsphase sieht Montessori in der Hoffnung auf die sukzessive Verwirk-

109 Die Entdeckung des Kindes, S. 105.
110 Das kreative Kind, S. 61.

lichung ihrer großen kosmischen Utopie, die über alle nationalen, politischen, religiösen und kulturellen Schranken hinweg die Einheit der Menschheit zu realisieren sucht. Eine durchweg homogen gestaltete Umgebung, so die utopische Annahme Montessoris, relativiert nicht nur die individuellen Eigentümlichkeiten der Kinder, sondern lässt auch die Überbrückung sozialer, kultureller und nationaler Unterschiede machbar erscheinen. Montessori geht dabei sogar über den »pädagogischen Homunculus« hinaus und entwirft die Horrorvision einer uniformen und aller individuellen, regionalen und nationalen Eigentümlichkeiten beraubten Weltkultur, die sich am Ende als Unkultur herausstellen würde.

»Wenn die Erziehung nach wissenschaftlichen Grundsätzen durchgeführt wird, können gleichzeitig die Unterschiede, die die Menschen in Gesellschaften und Rassen trennen, verringert werden und damit eine größere Harmonie hergestellt werden, das heißt, die Kultur kann auf die Menschen Einfluss nehmen, wie sie die äußere Umgebung der Natur beeinflusst hat, und das verleiht eine magische Kraft.«

Polarisation der Aufmerksamkeit als Aufbauprinzip

Die zentrale Bedeutung der Polarisation kindlicher Aufmerksamkeit für die Selbsterziehung des Kindes erkannte Montessori im experimentierenden Umgang mit den Kindern in den ersten *Case dei Bambini* in Rom. Dort beobachtete Montessori ein etwa dreijähriges Mädchen, das in einem Zustand tiefer Konzentration die Übungen mit einem Zylinderblock rund vierzigmal wiederholte, ohne sich dabei im Geringsten von seiner Umgebung ablenken zu lassen. Diese Beobachtung, die als das so genannte »Montessori-Phänomen« in die Literatur einging, beschreibt Montessori selbst folgendermaßen:

»Der Ausdruck des Mädchens zeugte von so intensiver Aufmerksamkeit, dass er für mich eine außerordentliche Offenbarung war.

Die Kinder hatten bisher noch nicht eine solche auf einen Gegenstand fixierte Aufmerksamkeit gezeigt. Und da ich von der charakteristischen Unstetigkeit der Aufmerksamkeit des kleinen Kindes überzeugt war, die rastlos von einem Ding zum andern wandert, wurde ich noch empfindlicher für dieses Phänomen (...) Ich hatte 44 Übungen gezählt; und als es endlich aufhörte, tat es dies unabhängig von den Anreizen der Umgebung, die es hätte stören können; und das Mädchen schaute zufrieden um sich, als erwachte es aus einem erholsamen Schlaf.«[111]

Maria Montessori deutet die Verhaltensänderung des Kindes als äußeren Ausdruck einer inneren Selbstorganisation durch eine Tätigkeit, welche die intellektuellen und motorischen Energien auf ein Ziel hin koordiniert. Diesem Phänomen der Polarisation kindlicher Aufmerksamkeit kommt innerhalb von Montessoris Erziehungssystem eine doppelte Funktion zu: Zum einen ist sie zentrales Aufbauprinzip der (normalen) kindlichen Entwicklung und zum anderen therapeutisches Mittel bei der Reorganisation bzw. Renormalisation einer deviaten Entwicklung. Analog zum physischen Embryo entwickelt das Kind auch seine geistigen Organe und Funktionen zunächst getrennt voneinander, um sie in einem letzten Entwicklungsschritt zu integrieren und zu koordinieren. Die Integration von Intellekt, Motorik und Wille zur »Einheit der Persönlichkeit« vollzieht sich in der folgenden Periode von drei bis sechs Jahren, wenn der Verstand die Arbeit der Hand anleitet«[112].

Die willentliche Anspannung der ganzen Persönlichkeit des Kindes auf ein genaues Ziel hin schafft das Gleichgewicht zwischen Intelligenz und Motorik. Ein Kind, das sich entlang einer weißen Linie bewegt und gleichzeitig ein Glas Wasser balanciert, vollzieht die innere Synthese von Intellekt, Bewegung und Wille. Die dem Kind abverlangte exakte Ausführung einer Übung erfordert die Polarisation der Aufmerksamkeit und bewirkt eine Klarheit des Intellekts. Die in die Übungen des täglichen Lebens eingebauten Ge-

---

111 Schule des Kindes, S. 69f.
112 Das kreative Kind, S. 181.

schicklichkeitsübungen (Balancieren voller Gefäße, Wasserschütten usw.) fördern nicht nur die Verfeinerung der Bewegung, sondern dienen in erster Linie der Schulung des kindlichen Willens.

In diesen Zusammenhang gehören auch Montessoris so genannte *Übungen der Stille*, die bereits Alfred Binet zum Zwecke einer »geistigen Orthopädie« anwandte, und die Montessori ganz offensichtlich von ihm übernommen hat. Auf ein Zeichen der Lehrerin hin wird von den Kindern eine Unbeweglichkeitshaltung eingenommen und aufrechterhalten. Binet berichtet ausführlich von seiner Beobachtung, dass die Kinder nach einer gewissen Gewöhnungsphase echte Anstrengungen unternahmen, um tatsächlich unbeweglich zu bleiben. »Sie waren also fähig, aufmerksam zu sein, zu wollen und sich zu kontrollieren.«[113]

Eine auf mangelnde Übung zurückzuführende Unkoordiniertheit in der Bewegung spiegelt sich im Verständnis Montessoris unausweichlich in der kindlichen Psyche wider. »Die Tätigkeit, die nun den tiefsten Einfluss auf den Aufbau der Persönlichkeit nehmen kann, ist jene, die ihre ganzen inneren Energien polarisiert, nämlich die Exaktheit (...) Das bedeutet, das Individuum muss die eigenen Bewegungen so lenken, dass es Herr über sie ist und dass es das Ziel erreicht, sie fest mit dem geistigen Wollen zu verbinden.«[114]

Das Montessori-Kinderhaus erscheint unter dieser Perspektive als therapeutische Heilanstalt, in der »zwei Teile eines gespaltenen Ganzen« zusammengesetzt bzw. reintegriert werden. In einer nach heilpädagogischen Kriterien gestalteten Umgebung, die durch eine Vielzahl motivierender Anregungsmomente das Kind zur Aktivität einlädt, gelangt das »kranke Individuum« durch die Polarisation der Aufmerksamkeit auf eine selbst gewählte Tätigkeit zur Normalität. An dieser Stelle wird deutlich, dass Montessoris Pädagogik

113 Binet, A.: Vom Nutzen einer geistigen Orthopädie. In: Böhm, W./Flores d'Arcais, G. (Hrsg.): Die Pädagogik der frankophonen Länder im 20. Jahrhundert. Stuttgart 1980, S. 47–49.

114 Montessori, M.: Der Aufbau der Persönlichkeit durch die Organisation der Bewegung in: Maria Montessori. Texte und Gegenwartsdiskussion, hrsg. v. W. Böhm. Bad Heilbrunn ⁵1996, S. 80f.

gar nicht erst auf Behinderte übertragen zu werden braucht, weil sie grundsätzlich davon ausgeht, dass alle Kinder ausnahmslos deviat sind und deshalb einer (Re-)Normalisation bedürfen. Man wird deshalb Montessoris pädagogisches Grundanliegen nicht verkennen, wenn man ihre ganze Pädagogik im innersten Kern als therapeutisch bezeichnet.[115]

»Der Übergang zwischen den beiden Stadien geschieht immer nach einer Arbeit der Hand mit einem Gegenstand, einer Arbeit, die von einer geistigen Konzentration begleitet ist. Wir haben dieses psychische Phänomen, das an die Genesung des Erwachsenen durch die Psychoanalyse erinnert, als Normalisierung bezeichnet.«[116] Mit der ersten Polarisation der Aufmerksamkeit beginnt nach Montessori der Prozess der spontanen Selbsterziehung des Kindes als »innere Selbstorganisation des geistigen Lebens«[117]. Nach außen hin sichtbar wird dieser Vorgang in einer vollständigen Veränderung des Kindes, die Montessori emphatisch mit einer »Bekehrung« gleichsetzt.

> »*Und jedes Mal, wenn eine solche Polarisation der Aufmerksamkeit stattfand, begann sich das Kind vollständig zu verändern. Es wurde ruhiger, fast intelligenter und mitteilsamer. Es offenbarte außergewöhnliche innere Qualitäten, die an die höchsten Bewusstseinsphänomene erinnern, wie die der Bekehrung.*«[118]

Die auf diesem Wege erzielte »Genesung« des Kindes ist jedoch im Gegensatz zur Psychotherapie nicht Endzweck, sondern Ausgangspunkt für einen nun erst möglich werdenden Selbstbildungsprozess des Kindes und damit »Beginn einer neuen Lebensform«.

---

115 Vgl. dazu Böhm, W.: Über die Unvereinbarkeit von Erziehung und Therapie. In: Ders.: Entwürfe zu einer Pädagogik der Person. Bad Heilbrunn 1997, bes. S. 184ff.
116 Das kreative Kind, S. 183.
117 Schule des Kindes, S. 70.
118 A.a.O., S. 70.

> »Nur die normalisierten, von der Umgebung unterstützten Kinder offenbaren in ihrer sukzessiven Entwicklung die wunderbaren Fähigkeiten, die wir beschreiben: die spontane Disziplin, die ständige, freudige Arbeit, die sozialen Gefühle der Hilfe und des Verständnisses für die anderen. Die Aktivität zur freien Wahl der Beschäftigung wird zur ständigen Lebensweise. Die Genesung ist der Beginn einer neuen Lebensform.«[119]

Montessoris Forderung einer naturgemäßen Erziehung und ihre Grenzen

Aus Maria Montessoris biologisch-medizinisch begründeter Theorie kindlicher Entwicklung ergibt sich fast zwangsläufig die Forderung nach einer »naturgemäßen« Erziehung, welche die Normen des erzieherischen Handelns und der pädagogischen Reflexion aus der natürlichen und damit gesunden Entwicklung des Kindes gewinnt. Das Ziel der Erziehung bezeichnet Montessori mit der medizinischen Kategorie der seelischen Gesundheit; das erzieherische Handeln reduziert sie weitgehend auf die wissenschaftlich abgesicherte Unterstützung kindlicher Entwicklungsprozesse und damit letztendlich auf Diagnose, Therapie und seelische Kinderhygiene. Der Erzieher wird zum dienenden Helfer des Kindes, das an der sukzessiven Aktuierung seines immanenten Bauplanes arbeitet. Ein solches Erziehungsverständnis tendiert von sich aus dazu, im Kind vorrangig das Objekt einer therapeutischen Behandlung zu sehen.

Der wissenschaftlichen Forschung stellt sich von daher die Aufgabe, den inneren Konstruktionsplan und die immanenten Gesetzmäßigkeiten der kindlichen Entwicklung zu erforschen und durch die Gestaltung einer entwicklungsfördernden Umgebung erzieherisch umzusetzen. Dies wiederum setzt zum einen die Vorbereitung eines Entwicklungsfreiraumes voraus, der dem Kind die ungehinderte Äußerung spontaner Aktivität ermöglicht, und zum anderen einen wissenschaftlich geschulten Erzieher, der durch seine »teil-

119 Das kreative Kind, S. 185.

nehmende Beobachtung« nicht nur die Gesetzmäßigkeiten in der Entwicklung, sondern auch phasenspezifische Entwicklungsbedürfnisse des Kindes erkennt und eine an den natürlichen Entwicklungsstadien des Kindes orientierte »pädagogische Umgebung« konstruiert.

Ihren eigenen empirischen Beitrag zur experimentellen Forschung sieht Montessori dem entsprechend in der wissenschaftlichen Bestimmung der »geistigen Nahrung« für den sich spontan aufbauenden und organisierenden kindlichen Geist. Der Aufbau des kindlichen Verstandes ist nach Montessori nicht eine Frage pädagogischer bzw. didaktischer Kunstfertigkeit, sondern ein Problem der »Freiheit des Kindes« im Sinne reiner Entwicklungs- und Selektionsfreiheit. Von daher ergibt sich die zentrale Stellung des so genannten Prinzips der »freien Wahl« der Arbeit; das Kind »wählt« aufgrund innerer Sensibilitäten einen Gegenstand aus einem klar differenzierten Lernangebot und bestimmt selbst über die Dauer und Intensität seiner »Arbeit«. Die Fixierung und Differenzierung der didaktischen Materialien ist für Montessori ebenfalls Resultat experimenteller Forschung. Dabei schwebt ihr als imaginäres Forschungsziel vor, eine ebenso vollkommene Übereinstimmung zwischen kindlichem Bedürfnis und geistiger Nahrung erreichen zu können, wie es die Natur bei dem Zusammenspiel zwischen kindlichem Nahrungsbedürfnis und der Zusammensetzung der Muttermilch zu Wege gebracht hat.

Die leitende Idee ihrer »neuen« Pädagogik formuliert Montessori folgendermaßen:

»Mit äußeren Gegenständen die den inneren Bedürfnissen entsprechende Nahrung zu geben und in vollkommener Weise die Freiheit der Entwicklung respektieren zu lernen, das sind die Fundamente, die logischerweise für eine neue Pädagogik gelegt werden müssen (...) Eine Wissenschaft muss auf Versuchswegen festlegen, was für die anfänglich psychischen Bedürfnisse des Kindes notwendig ist. Dann werden wir der Erfahrung komplexer Lebensvorgänge beiwohnen, bei welcher sich die Intelligenz, der Wille und der Charakter gleichzeitig entwickeln, so wie sich beim vernünftig

*ernährten Kind das Gehirn, der Magen und die Muskeln gleich-
zeitig entwickeln.«*[120]

Der Aufbau und die zunehmende Strukturierung des kindlichen
Geistes kann über den Weg der »peripherischen Belehrung«, das
heißt durch eine dem Materialsystem immanente Ordnung, von
außen gefördert und unterstützt werden, sodass das Kind seine
kognitiven Funktionen durch wiederholte Übung entwickeln und
vervollkommnen kann.

In ihrer *Schule des Kindes* definiert Montessori die »Intelligenz«
folgendermaßen: »Ohne auf die Definition der Philosophen zu-
rückzugreifen, können wir einstweilen das Gesamt der überlegen-
den, verbindenden oder wieder hervorbringenden Aktivitäten in
Betracht ziehen, die es dem Geist erlauben, sich aufzubauen, indem
er sich in Beziehung mit der Umgebung setzt (…) Die Tatsachen
sammeln und sie voneinander unterscheiden, das ist der Beginn
des geistigen Aufbaus.«[121] Die Fähigkeit des Kindes, Eindrücke aus
seiner Umwelt differenziert wahrzunehmen, daraus Vorstellungen
zu bilden und diese inneren Konstruktionen zu äußern, erfordert,
so Montessori, ein hohes Maß an »geistiger Gymnastik« die als
Selbstübung des Individuums didaktisch nicht vermittelbar ist. Die
Reformbemühungen Montessoris richten sich von daher auf die
Individualisierung des Unterrichts und auf eine die intellektuelle
Selbstübung ermöglichende Unterrichtskonzeption. Durch Unterscheiden, Vergleichen, Bestimmen und Urteilen vervollkommnet
das Kind seine kognitiven Funktionen und gelangt über eine den
Materialien immanente Fehlerkontrolle unabhängig vom Erwachsenen zu einer sachlichen Beurteilung seiner Leistung. Ihre didaktischen Materialien vergleicht Montessori bildhaft mit einer Turn-
halle, in der der kindliche Geist durch eine Reihe systematisch aufeinander aufbauender Übungen seine Fähigkeiten schult und
vervollkommnet.[122] Eine messbare Steigerung der Reaktions-

120 Schule des Kindes, S. 153.
121 Ebd., S. 187.
122 Ebd., S. 146.

schnelligkeit der Kinder auf äußere Reize deutet Montessori als sichtbares Anzeichen einer sich bildenden inneren Ordnung. »Dann kann man mit Recht sagen, dass Hilfe zur Intelligenzentwicklung Hilfe zur Ordnung der Vorstellungen im Bewusstsein bedeutet.«[123]

Durch die umfangreichen Materialien zur Sinneserziehung, deren Systematik von zunächst elementaren und grundlegenden Sinnesübungen bis hin zu immer komplexeren Intelligenzübungen führt, erarbeitet sich das Kind nach dem Prinzip der *materialisierten Abstraktion* eine Klassifikation der Eigenschaften als Grundlage seiner geistigen Ordnung. Dazu heißt es in *Die Entdeckung des Kindes*: »Abstrakte Ideen sind synthetische Begriffe des Geistes, der, unabhängig von den wirklichen Dingen, daraus einige gemeinsame Eigenschaften absondert, die gerade nicht für sich existieren, sondern nur in wirklichen Gegenständen. So ist z.B. das Gewicht eine Abstraktion, weil es nicht an sich existiert. Nur Gegenstände, die ein Gewicht haben, existieren (...) Unter diesem Gesichtspunkt ist das Sinnesmaterial sicherlich als materialisierte Abstraktion zu betrachten. Es zeigt Farbe, Dimension, Form, Duft, Geräusch greifbar, unterschieden und in Abstufungen geordnet; dies ermöglicht eine Klassifizierung und Analyse der Eigenschaften.«[124]

Die didaktischen Materialien entsprechen – so der ihre gesamte Methode tragende Anspruch Montessoris – der sich nach Naturgesetzen abwickelnden inneren Organisation des Kindes und stellen auf diese Weise die äußeren Mittel für die »Selbsterziehung« des Kindes dar. Die von Montessori zusammengetragenen und nur zu einem sehr geringen Teil von ihr selbst erstellten Entwicklungsmaterialien unterscheiden sich von den Messinstrumenten der experimentellen Psychologie nur dadurch, dass sie sich nicht auf die Messung psychischer Reaktionen beschränken, sondern die psychische Reaktion der Polarisation der Aufmerksamkeit und die Wiederholung der Handlung im Kind hervorrufen und konstant erhalten sollen.

123 A.a.O., S. 191.
124 Die Entdeckung des Kindes, S. 197.

Die didaktischen Materialien, konfrontieren das Kind mit klaren und überschaubaren Aufgaben und ermöglichen ihm die beliebige Wiederholung und Einübung von Handlungs- und Denkschritten, die dem Kind als selbstständig vollzogene erscheinen, in Wirklichkeit aber durch die Methode und damit letztlich von Montessori vorgedacht und vorvollzogen wurden. Der Erzieher oder Lehrer hat sich als »Bindestrich« zwischen Kind und Material zu verstehen und seine Tätigkeit weitestgehend auf die Pflege der Umgebung, die Organisation kindlicher Lernprozesse und auf das Erteilen kurzer und klarer Einführungslektionen in den richtigen Gebrauch der Materialien zu beschränken.

Obgleich sich Montessori einerseits von den Forschungen der experimentellen Psychologie entschieden distanziert, glaubt sie andererseits, dass ihre eigenen empirischen Forschungen die Einordnung ihrer Pädagogik in die Reihe der modernen Experimentalwissenschaften rechtfertigen könnten:

> »Diese neue Pädagogik gehört deshalb zu den modernen Wissenschaften und nicht zu den alten Spekulationen, auch wenn sie sich nicht direkt auf einfache Messstudien der exakten Psychologie stützt. Aber die von ihr verfolgte Methode, d.h. der Versuch, die Beobachtung, die Gegenprobe, die Erkenntnis neuer Phänomene, ihre Reproduktion und Anwendung, stellt sie zweifellos in die Reihe der Experimentalwissenschaften.«[125]

Die wissenschaftlich aufgeklärte Behandlung des Kindes von seiner Geburt an müsste eigentlich das vollkommen entwickelte Individuum hervorbringen. Dazu heißt es bei Montessori: »Wenn das Kind während der Empfängnis, der Schwangerschaft, der Geburt und der darauf folgenden Periode nach wissenschaftlichen Erkenntnissen behandelt würde, müsste es im Alter von drei Jahren ein Muster-Individuum sein. Dieses Ideal von Vollkommenheit würde nie erreicht, da, abgesehen von anderen Ursachen, viele

125 Schule des Kindes, S. 75.

Hindernisse auftreten können.«[126] Es stellt sich also auch für sie die uns von Rousseau klassisch überlieferte Frage nach den Ursachen kindlicher Deviationen. Anders als Rousseau führt Montessori die Frage nach den kindlichen Abweichungen von der natürlichen Gutheit nicht auf die Freiheit des menschlichen Willens zurück, sondern verengt die Frage nach »gut« und »böse« medizinisch-therapeutisch auf das Problem von Gesundheit und Krankheit bzw. Normalität und Deviation. Die Ursachen von Abweichung und Fehlentwicklung verortet Montessori – wiederum anders als Rousseau – nicht in der Natur des Kindes, sondern in der kindlichen Umwelt. In ihrer Schrift *Kinder sind anders* bringt Montessori dies deutlich zum Ausdruck: »Das Kind befindet sich in einer Periode der Schöpfung und Ausweitung, und man braucht nichts anderes zu tun, als ihm die Tür zu öffnen. Was hier sich schafft, was aus dem Nichtsein ins Dasein tritt, aus dem Stand des Potenziellen in den des Aktuellen übergeht, kann in diesem Augenblick noch keine Komplikationen haben; und die expansive Energie, die hier am Werk ist, kann selbst in ihrer Kundgebung keine Schwierigkeiten bieten.«[127]

Die ungehinderte Entfaltung des immanenten Bauplans im Kind realisiert den im göttlichen Schöpfungsplan vorgesehenen normalen Menschen, der hinsichtlich seiner intellektuellen, moralischen und sozialen Kompetenzen der Vorstellung des vollkommenen Menschen entspricht. Der innere Bauplan kann schon allein auf Grund seines göttlichen Ursprungs das Kind nicht in die Irre führen. Die Erziehung hat die technische Leistung zu vollbringen, diesen Zustand der Normalität, der zugleich den Zustand vollkommener Moralität und Sozialität impliziert, im Kind hervorzubringen. Allein von »der harmonischen und friedlichen Entwicklung der kindlichen Psyche« gemäß den inneren Entwicklungsgesetzen hängt die »Gesundheit oder Krankheit der Seele, die Stärke oder Schwäche des Charakters, die Klarheit oder Unklarheit des

126 Das kreative Kind, S. 174.
127 Kinder sind anders, S. 116.

Geistes ab«.[128] Die Probleme einer gelingenden sittlichen, sozialen oder religiösen Erziehung fügen sich in das umfassende Konzept einer Erziehung als Normalisation und werden von Montessori auch stets auf die gleiche stereotype Weise gelöst: Das normale Kind ist das friedliche, soziale, moralische und letztendlich das göttliche Kind; eine dennoch nötig werdende erzieherische Einwirkung erschöpft sich in einer entsprechenden sozialen und moralischen Hygiene, die sich an der Medizin zu orientieren hat.

Hinter Maria Montessoris optimistischer Sicht des Kindes verbirgt sich der religiöse Glaube bzw. die metaphysische Annahme, Gott habe jene geheimnisvollen Kräfte in das Kind eingesenkt, um uns durch sie seinen Willen kundzutun und gleichzeitig die wahre und unverfälschte menschliche Natur vor Augen zu führen. Der »echte« pädagogische Geist strebt danach, die objektiven Bedürfnisse des Kindes als Ausdruck der göttlichen Weisheit zu achten und sich dem natürlichen Verlangen des Kindes selbstlos zu fügen. Das Kind erscheint so als der neue Messias, der nicht nur die Erwachsenen aus ihrer Verblendung befreit, sondern der auch als einziger Garant für eine neue und bessere Menschheit und eines echten Friedens in der Welt anzusehen ist. Naturgemäße Erziehung wird gleichgesetzt mit einer religiösen Verehrung des göttlichen Kindes, das die Erlösung der Welt verheißt.

Ein Großteil der vermeintlich »bösen« Verhaltensweisen und Neigungen der Kinder werden vom Erwachsenen selbst verursacht, der die natürliche Aktivität des Kindes als lästig und störend empfindet und diesen auf die Eroberung seiner Umwelt gerichteten Aktivitätsdrang des Kindes repressiv zu unterdrücken sucht. Negative kindliche Verhaltensäußerungen, die gemeinhin als »kindliche Launen« verharmlost werden, deutet Montessori als Ausdruck ernst zu nehmender seelischer Störungen, die sich nach außen hin durch eine Zunahme von nutzloser und unkoordinierter Tätigkeit, heftige Aufregungszustände, aggressives Verhalten und scheinbar unmotivierten Wutausbrüchen zeigen. All diese negativen Äußerungen verschwinden sofort, sobald der Erwachsene sein Verhalten dem

128 Über die Bildung des Menschen, S. 45.

Kind gegenüber ändert und die notwendigen Mittel zur Entwicklung des Kindes bereitstellt. Dadurch gewinnt, so die optimistische Deutung Montessoris, die »moralische Physiognomie des Kindes einen Ausdruck von Ruhe und Milde, der es als ein ganz anderes Wesen erscheinen lässt«[129].

Das Kind befindet sich, so Montessori, in einem permanenten Kampf »um sein seelisches Dasein«, der sich im Unterbewussten abspielt und verhängnisvolle Auswirkungen nicht nur für die Gesamtentwicklung des Individuums, sondern im besonderen Maße für den Zustand der Gesellschaft hat. Solange sich die kindliche Entwicklung auf Grund einer noch unbefriedigenden wissenschaftlichen Erkenntnis seiner inneren Entwicklungsbedürfnisse und durch das Fehlen einer »seelischen Kinderhygiene« von Funktionsstörungen und seelischen Krankheiten bedroht ist, wird sich auch die Gesellschaft aus überwiegend deviaten, das heißt seelisch verbildeter Individuen zusammensetzen.[130] »Die Folge hiervon sind vor allem tote Seelen, aber auch verkrüppelte, blinde, schwache, in der Entwicklung gehemmte Seelen in großer Zahl, und obendrein Hochmut, Machtgier, Geiz, Jähzorn, Wirrköpfigkeit, alles Charakterzüge, die sich dann entwickeln, wenn die seelischen Funktionen durcheinander geraten sind. Dieses Bild ist nicht eine rednerische Floskel, ein Vergleich: Es ist nicht mehr und nicht weniger als die fürchterliche Wirklichkeit eines seelischen Zustandes von heute.«[131]

Um sich von einer »falschen« Beurteilung kindlicher Moralität abzugrenzen, bezeichnet Montessori unerwünschte, von der Norm abweichende Verhaltensweisen der Kinder mit dem Begriff der *Deviation*, und sie meint eben damit nicht im inneren Entwicklungsbauplan oder gar im freien Willen des Kindes begründete, sondern von außen (Erzieher/soziales Umfeld) verursachte Abweichungen von der normalen Entwicklung, die als »Symptome psychischer Er-

129 Grundgedanken der Montessori-Pädagogik. Hrsg. von P. Oswald/G. Schulz-Benesch. Freiburg im Breisgau 1971, S. 93.
130 Kinder sind anders, S. 56.
131 A.a.O.

krankung« auf einen Zustand innerer Zerrissenheit und einer funktionalen Disharmonie in den geistigen Funktionen hinweisen. Für das Verständnis der anthropologischen Grundbegriffe der Deviation und Normalisation ist folgende Textstelle aus ihrem Spätwerk *Über die Bildung des Menschen* ausschlaggebend: »Kinder, wie man sie gewöhnlich kennt (flüchtig, träge, unordentlich, zerstörungswütig, eigensinnig, ungehorsam usw.), sind funktional krank und können genesen durch eine Hygiene des psychischen Lebens, d.h., sie können sich normalisieren (...) Durch diese Normalisierung werden die Kinder nicht gehorsam einem Lehrer, der sie unterrichtet und korrigiert, sondern sie finden zu der Führung durch die Gesetze der Natur zurück, d.h., sie verhalten sich wieder normal (...) Zuerst muss das normale Funktionieren, der Zustand der Gesundheit erlangt werden.«[132]

Aus diesem Zitat ergeben sich neben der Gewinnung eines biologischen Begriffs der Normalität zwei wesentliche Hinweise auf Montessoris Verständnis kindlicher Moralität und einer entsprechenden moralischen Erziehung: Zum einen benötigt das deviate Kind viel dringender einen Arzt oder Therapeuten als einen Erzieher. In diese Richtung weist auch folgende Aussage Montessoris: »Zuerst müssen wir gleichsam Ärzte sein von zartester Behandlung; und erst wenn das Kind geheilt ist, können wir wieder Erzieher sein«; zum anderen resultiert aus diesem Verständnis von Normalität als geistiger Gesundheit die entschiedene Ablehnung jeglicher Form direkter Erziehung. Bei der Eliminierung deviaten Verhaltens sind weder die Belehrung durch den Erzieher noch ein Appell an die kindliche Einsicht und schon gar nicht Strafen und Belohnungen geeignet, das kindliche Verhalten zu verbessern. Allein die therapeutische Maßnahme der Normalisation und eine sich daran anschließende »geistige Hygiene«, durch die das Kind auf die normale und naturgewollte Bahn seiner Entwicklung zurückgeführt wird, verspricht Erfolg.

Anstatt von »bösem« oder »unmoralischem« Verhalten der Kinder zu sprechen, umschreibt Montessori das deviate kindliche

---

132 Über die Bildung des Menschen, S. 49.

Verhalten mit dem Begriff der »Ungeordnetheit« und verweist zur näheren Erläuterung auf die in der englischen Sprache klarer getroffene Unterscheidung zwischen »naughtiness« in Beziehung auf das Kind und »evil/badness« im Hinblick auf den Erwachsenen. Durch diese Begriffsunterscheidung wird ein unterschiedlicher Bewusstseinsgrad hinsichtlich des eigenen Verhaltens zum Ausdruck gebracht. Während der Erwachsene zumindest bedingt fähig ist, sich bewusst für oder gegen das moralische Sollen zu entscheiden, realisiert das Kind in der frühen Phase seiner Entwicklung völlig unbewusst seine Entfaltung und verfügt aufgrund determinierender innerer Direktiven überhaupt nicht über die Möglichkeit, zwischen gut und böse zu wählen. Das Kind ist gut, wenn es seine normale, durch den inneren Bauplan strukturierte Entwicklung ungehindert durchläuft. Das Problem der Moralerziehung fügt sich von daher uneingeschränkt in das Konzept der Normalisierung des Kindes. Den »größten Beitrag zur Sittlichkeit« sieht Montessori daher in der Befreiung des Kindes und in der Befriedigung seiner intellektuellen Bedürfnisse.[133] Die Frage der Moralität ist für Montessori jenseits von »Schicksal und Bildung« und unabhängig von jeder geschichtlichen und sozio-kulturellen Bedingtheit »eine Frage der Natur« und nicht ein Problem der moralischen Unterweisung.

Die von Montessori geforderte biologische Entwicklungsfreiheit des Kindes wird zur notwendigen Bedingung kindlicher »Moralität«. Das Kind ist dann frei, wenn es ungehindert seinen inneren Entwicklungskräften »gehorchen« kann und so die Idee des Gutseins verwirklicht. Daraus resultiert das entschieden geforderte Nichteinmischen von Seiten des Erziehers, die Gewährung einer freien Aktivität des Kindes und eine entsprechend vorbereitete Umgebung. Eine Legitimation für sein erzieherisches Handeln gewinnt der Erwachsene nur dadurch, dass er sich als dienender Helfer und Beschützer kindlicher Entwicklung versteht und sein Handeln in den Dienst jenes göttlichen Schöpfungsplanes stellt, der sich in und durch jedes Kind in der Welt zu verwirklichen sucht.

---

133 Schule des Kindes, S. 303.

Die Ursachen für kindliche Fehlentwicklungen sieht Montessori demnach zum einen in der sozialen Situation des Kindes und zum anderen in dem problematischen Verhältnis zwischen Erwachsenen und Kind, und nur hier muss deshalb ihrer Meinung nach jede Erziehungsreform ansetzen.

Die Umgebung des Erwachsenen ist, so die sozialkritische Analyse Montessoris, keine »lebensbringende Umwelt für das Kind, sondern eher eine Anhäufung von Hindernissen, zwischen denen das Kind Abwehrkräfte entwickelt, zu verbildenden Anpassungen genötigt wird und allerlei Suggestionseinflüssen unterliegt.«[134] Die zunehmende Dynamik und Komplexität der technisierten Welt verhindert die natürliche Einpassung des Kindes in sein soziales Umfeld und verkennt den Eigenwert der Kindheit. Das Kind erscheint in der Welt der Erwachsenen als unproduktiver Störenfried, dem jegliche sozialen Rechte aberkannt werden. Das Kind »ist ein an den Rand der Gesellschaft verwiesenes Wesen, das jedermann ohne Respekt behandeln, beschimpfen und strafen darf, dank einem von der Natur verliehenen Recht: dem Recht des Erwachsenen«[135].

Eine Verbesserung der Situation des Kindes wurde in erster Linie durch den wissenschaftlichen Fortschritt, hauptsächlich innerhalb der Medizin und der Biologie erreicht, die erfolgreich gegen die hohe Kindersterblichkeit und die gesundheitsgefährdenden hygienischen Bedingungen in den Schulen zu Felde zogen. Unterstützt wurden diese Versuche einer medizinischen Verbesserung durch zahlreiche sozialreformerische Ansätze, die gegen Kinderarbeit und willkürliche Ausbeutung der Kinder und im gleichen Zuge für die Emanzipation der Frau und die soziale Besserstellung der Arbeiterschaft kämpften.

Durch diese Reformen wurde, so Montessori, eine neue Ära der Zivilisation angekündigt, »in der es nötig sein wird, für zwei verschiedene Menschheiten zu arbeiten: für die erwachsene und für die kindliche. Und wir sind auf dem Wege zu einer Kultur, die zwei

---

134 Kinder sind anders, S. 115f.
135 A.a.O., S. 8.

scharf voneinander unterschiedene soziale Umwelten wird vorbereiten müssen: die Welt des Erwachsenen und die des Kindes.«[136]

Wie unreflektiert und geradezu naiv solche Aussagen Montessoris letztendlich sind, zeigt die gerechtfertigte Kritik Anne Bucks, die deutlich herausstellt, dass die ohnehin utopische Idee einer radikalen Umgestaltung der Welt des Kindes und einer Trennung von der übrigen Welt in der Tat zu »zwei verschiedenen Menschheiten« führen müsste und damit einen viel verhängnisvolleren Zwiespalt hervorriefe als jenen, den Montessori gerade überwinden wollte: »Sie würde die Kontinuität des Menschenlebens überhaupt zerstören.«[137]

Einen zweiten Grund für kindliche Deviationen sieht Montessori in dem äußerst konfliktgeladenen Verhältnis zwischen Erwachsenem und Kind, das Montessori als den Kampf zweier rivalisierender Gesellschaftsschichten interpretiert. Dieser, für die normale Entwicklung des Kindes verhängnisvolle Konflikt nimmt seinen Anfang mit der wachsenden Aktivität des Kindes, das sich die unbekannte Welt der Erwachsenen durch tätige Erfahrung und Be-greifen der verlockenden Gegenstände zu erobern sucht. Einem unbewussten, inneren Instinkt folgend, beginnt der Erwachsene sich und sein Eigentum gegen den Störenfried Kind zu verteidigen, indem er den unbequemen Tätigkeitsdrang des Kindes zu unterdrücken sucht. Negative Ausdrucksformen des Kindes wie Launenhaftigkeit, Ungehorsam, Aggressivität sowie innere und äußere Undiszipliniertheit deutet Montessori als sicheres Zeichen eines vitalen Konfliktes zwischen dem inneren schöpferischen Trieb nach aktiver und spontaner Selbstentfaltung des Kindes und dem Erwachsenen, der das Kind nicht versteht, seine Äußerungen nicht zu deuten vermag und durch einen Mangel an Verständnis für die wahren Bedürfnisse des Kindes seine natürliche Entwicklung hemmt.

---

136 Kinder sind anders, S. 10f.
137 Buck, A.: Naturgemäße Erziehung bei Pestalozzi und Montessori. In: Schulz-Benesch, G. (Hrsg.): Montessori. Darmstadt 1970, S. 316–340, S. 333.

So wird der Erwachsene zum Angeklagten, der die Vermessenheit besitzt, sich selbst zum Schöpfer des Kindes zu erheben, und der durch sein Unverständnis für die wahren Entwicklungsbedürfnisse des Kindes dieses immer wieder erneut zu Deviationen zwingt.

In diesem problematischen Verhältnis zwischen Erwachsenem und Kind sieht Montessori nicht nur ein eminent soziales Problem, sondern das pädagogische Grundproblem schlechthin. Eine umfassende Reform der Erziehung setzt daher eine radikale Neuformulierung des pädagogischen Bezuges voraus, das heißt, zunächst muss der Erzieher erzogen werden, um erziehen zu können. Einen ersten Schritt in diese Richtung sieht Montessori darin, dass der Erwachsene seinen, wenn auch nicht egoistischen, so doch egozentrischen Standpunkt dem Kind gegenüber revidiert und sich selbst als Helfer und Diener des Kindes und seiner natürlichen Entwicklung versteht. Jene soziale Befreiung des Kindes ermöglicht und bedingt dann jene Selbstoffenbarung der wahren Natur des Kindes, die unausweichlich zu einer völlig neuen Sicht und Respektierung seiner Rechte führen muss.

In ihrer zentralen Schrift *Gott und das Kind* beleuchtet Montessori das Verhältnis zwischen Erwachsenen und Kind unter einer dezidiert religiösen Perspektive und verleiht dem erzieherischen Handeln eine geradezu religiöse Dignität. Die normale Entwicklung des Kindes wird als Schöpfungsakt Gottes interpretiert und damit zur normativen Instanz erhoben.

»Gott offenbart seinen Willen einerseits durch übernatürliche Offenbarung, andererseits durch die Natur der Wesen, die durch ihn erschaffen sind. Aber wie immer Gott seinen Willen offenbart und seine Wünsche, wir müssen darauf hören. (…) Wenn man die Gesetze der Entwicklung des Kindes entdeckt, so entdeckt man den Geist und die Weisheit Gottes, der im Kind wirkt. Wir müssen die objektiven Bedürfnisse des Kindes achten, als etwas, das Gott selbst uns zu befriedigen auferlegt. Dies ist der wahre pädagogische Geist, denn es bedeutet, dass man die göttliche Weisheit selbst durch das Verhalten der Erzieher verwirklicht. Wenn wir im Rufe

der Natur den Ruf Gottes erkennen, der uns sagt, dass wir dem Kind helfen sollen, dann werden wir immer bereit sein, diesen Bedürfnissen zu entsprechen. Dann werden wir sehen, dass wir uns auf diese Weise den Plänen Gottes zur Verfügung stellen und dass wir so am Werk Gottes Anteil haben.«[138]

Der Aufruf, die göttlichen Gesetze der Schöpfung zu achten, ergeht mit der gleichen Eindringlichkeit nicht nur an den Erzieher, der im Kind das Schöpfungswerk Gottes erkennt, sondern gleichermaßen an den Menschen im Hinblick auf sein Handeln in der Welt. Hier wie da geht es darum, den Willen Gottes in seiner Schöpfung zu erkennen, den Ruf der Natur als Ruf Gottes zu interpretieren und sich den göttlichen Plänen, die sich gleichermaßen in der Natur wie in der Geschichte als eigendynamische Prozesse realisieren, als Werkzeug zur Verfügung zu stellen. An keiner anderen Stelle kommt diese Sicht Montessoris treffender zum Ausdruck als in der folgenden: »Das Geheimnis der Erziehung ist, das Göttliche im Menschen zu erkennen und zu beobachten, d.h., das Göttliche im Menschen zu kennen, zu lieben und ihm zu dienen; zu helfen und mitzuarbeiten von der Position des Geschöpfes und nicht der des Schöpfers. Wir haben das göttliche Werk zu fördern, aber nicht uns an seine Stelle zu setzen, da wir sonst zu Verführern der Natur werden.«[139]

Die Ursache für das Fehlverhalten des Erwachsenen gegenüber dem Kind sieht Montessori darin begründet, dass sich der Erwachsene in maßloser Selbstüberschätzung zum Schöpfer des Kindes erhebt und das Kind nach seinen Vorstellungen formen und erziehen will und dadurch das göttliche Schöpfungswerk zu zerstören droht. Der Erwachsene wird im Verständnis Montessoris zum mächtigen Antagonisten kindlicher Entwicklung, der in maßloser Arroganz

138 Montessori, M.: Gott und das Kind. Freiburg 1995, S. 28. Diese in vielerlei Hinsicht bedeutende Schrift Montessoris wurde erstmals in dem 1964 in deutscher Sprache erschienen Buch: M. Montessori: Kinder, die in der Kirche leben, Freiburg 1964, veröffentlicht.
139 Kosmische Erziehung, S. 18f.

und Ignoranz das Kind seiner göttlichen Würde und seiner in der Schöpfungsordnung legitimierten sozialen Rechte beraubt. In diesem Fehlverhalten des Erwachsenen gegenüber dem Kind sieht Montessori nicht nur die Ursache für deviate kindliche Verhaltensformen, sondern auch eine damit verbundene Bedrohung der göttlichen Schöpfungsordnung. An der Haltung des Erziehers gegenüber dem Kind entscheidet sich letztendlich nicht nur das Gelingen oder Scheitern der Erziehung des individuellen Kindes, sondern vielmehr das Gelingen oder Scheitern der kosmischen Mission der Menschheit. Der wahre pädagogische Geist besteht für Montessori darin, jegliches pädagogische Nachdenken und Projektieren aufzugeben, um sich willenlos den Plänen der göttlichen Natur zur Verfügung zu stellen. Die Aufgabe des Erziehers reduziert sich darauf, »zu helfen und mitzuarbeiten von der Position des Geschöpfes und nicht der des Schöpfers«, der Erzieher hat das göttliche Werk lediglich zu fördern, anstatt sich an seine Stelle zu setzen, da er sonst zu einem »Verführer der Natur« wird.

In dieser Textstelle wird deutlich, dass nicht das Kind Subjekt seiner Bildung ist, sondern vielmehr Gott, der durch festgelegte Direktiven innerer Entwicklung seinen kosmischen Plan im Kind und durch das Kind zu verwirklichen sucht. Nur auf Grund dieser metaphysischen Annahme kann Montessori im normalisierten Kind den Messias und Erretter der Menschheit erkennen.

Die Vergöttlichung der Natur: Maria Montessoris kosmische Theorie

Wie wir im letzten Kapitel gezeigt haben, entwirft Montessori eine an der Entwicklungspsychologie des Kindes orientierte Pädagogik und einen an biologischen Erkenntnissen ausgerichteten konstruktivistischen Lernbegriff. Insofern sich sowohl die Psychologie als auch die Biologie als wertfreie Wissenschaften verstehen, bleiben bei einer rein naturwissenschaftlichen Begründung der Erziehung all jene Fragen unbeantwortet, die sich mit dem menschlichen Sollen beschäftigen. Um diese Lücke zu schließen, greift Montessori auf eine naturmetaphysische Deutung von Mensch und Welt zurück, die sie unter dem Titel einer *kosmischen Theorie* vorträgt. Damit verschreibt sich Montessori, so die treffende Analyse von Anne Buck, einer unter dem Deckmantel wissenschaftlicher Exaktheit auftretenden Weltanschauung, deren Charakter als Glaubensbekenntnis Montessori nicht einmal durchschaut.[140] Durch den Rückgriff auf die naturwissenschaftliche Erkenntnis beansprucht Montessori für diesen metaphysischen Hintergrund ihres Denkens eine positive Autorität, die ihm letztendlich nicht zukommen kann.

In dem Maße, in dem sich die aktuelle Montessori-Rezeption einer kritischen Auseinandersetzung mit der kosmischen Theorie Montessoris und einer dringend erforderlichen Historisierung dieses vormodernen holistischen Denkens versperrt und stattdessen versucht, die Diskursfähigkeit dieser Weltsicht durch den Bezug auf Autoren wie etwa Hans Jonas, Albert Schweitzer und Ernst

---

140 Buck, A.: Naturgemäße Erziehung bei Pestalozzi und Montessori. In: Schulz-Benesch, G. (Hrsg.): Montessori. Darmstadt 1970, S. 316–340, S. 339.

Bloch zu »beweisen«, erweist sich die Montessori-Pädagogik selbst als eine Weltanschauungspädagogik, und die Frage nach ihrer Aktualität wird – gewollt oder ungewollt – in letzter Konsequenz zu einer Glaubensentscheidung.

Montessoris Interpretation der Welt als Kosmos und des Menschen als Teil dieses streng geordneten Ganzen integriert die individuelle Entwicklung des Kindes in einen übergeordneten kosmischen Zusammenhang, sodass die individuelle Normalisierung des Kindes spätestens im Rahmen der Ausarbeitung der kosmischen Theorie in den Dienst einer globalen Normalisierung des »Organismus Menschheit« gestellt und das Subjekt dabei einer großen kosmischen Idee geopfert wird. Nicht der einzelne Mensch und sein subjektives Denken und sittliches Handeln stehen im Mittelpunkt des Interesses, sondern die Vervollkommnung der Menschheit als Gattung. Montessoris Überlegungen zu einer kosmischen Erziehung und Bildung des Menschen kreisen viel weniger um das einzelne Individuum als um das »Überleben der zukünftigen Generation«. Unser Hauptinteresse, so Montessori, »muss in der Erziehung der Menschheit liegen – der Menschheit aller Nationen – um sie auf ein gemeinsames Schicksal zu orientieren«[141]. Jene Aussage Montessoris kann bereits als Programm ihrer kosmischen Erziehungstheorie angesehen werden.

Dieses kosmische Denken wird nicht nur von Montessori selbst, sondern von vielen Montessori-Rezipienten zunehmend zu einem pädagogischen Heilswissen hochstilisiert, das nicht weniger zu leisten verspricht als die Lösung drängender Menschheitsprobleme, ja die Errettung der Menschheit selbst.

Das mystische Weisheit geradezu suggerierende Wort »kosmisch« und der emphatische Ton, in dem Montessori selbst ihre Gedanken vorträgt, lassen die kritische Nachfrage überhaupt nicht aufkommen, ob der die kosmische Weltsicht tragende Gedanke einer prästabilisierten Harmonie und die von Montessori vorgelegte Interpretation der Evolution menschlicher Geschichte tatsächlich

141 Frieden und Erziehung, S. 30.

auch heute noch als fester Bezugsrahmen für das Nachdenken über die Erziehung und Bildung des Menschen dienen kann oder ob nicht vielmehr an die Stelle der Einführung in eine von Gott geschaffene und verbürgte kosmische Weltordnung die Konfrontation mit pluralen Weltdeutungen und der kritische Diskurs über eine mögliche gemeinsame Weltsicht treten muss.

Mit ihren beiden zentralen Schriften *Die Stellung des Menschen in der Schöpfung* aus dem Jahre 1935 und dem, 1945 in Indien entstandenen Text, *Kosmische Erziehung* eröffnet Maria Montessori ihre in den Grundlinien bereits in der *Pädagogischen Anthropologie* vorliegende kosmische Weltdeutung einer breiten Öffentlichkeit.[142] Ihr 1948 ebenfalls in Indien verfasstes Buch *To educate the human potential* (deutscher Titel: *Menschliche Potentialität und Erziehung*) illustriert die praktische Umsetzung dieser Theorie in eine »kosmische Erziehung« und erklärt das didaktisch-methodische Vorgehen für die Altersstufe von 6 bis 12 Jahren, einer Entwicklungsphase, in der die Kinder auf Grund der erhöhten Sensibilität einerseits für soziale und moralische Orientierung und andererseits für ein imaginatives und abstraktes Denken besonders empfänglich für kosmische Visionen zu sein scheinen. Eine wichtige Ergänzung bildet das ebenfalls 1948 von Georgette Bernard in französischer Sprache herausgebrachte Buch *De l'enfant a l'adolescent*, das unter dem deutschen Titel *Von der Kindheit zur Jugend* vorliegt. Zentrale Textstellen für die Erarbeitung ihrer kosmischen Theorie finden sich darüber hinaus in ihren Überlegungen zur Gewinnung eines

---

142 Beide Texte sind erstmals in dem Buch: Maria Montessori. *Spannungsfeld Kind-Gesellschaft-Welt*, hrsg. von G. Schulz-Benesch, Freiburg im Breisgau 1979, erschienen und wurden in Deutschland von daher erst relativ spät in die Montessori-Interpretation mit einbezogen. Beide Texte wurden 1988 erneut in dem Buch: *Kosmische Erziehung*, hrsg. und eingel. von G. Schulz-Benesch und P. Oswald, abgedruckt. In diesem Buch finden sich auch die für das Verständnis der kosmischen Theorie Montessoris hilfreichen Textpassagen aus: *Menschliche Potentialität und Erziehung* und weiterhin: *Von der Kindheit zur Jugend*.

weltweiten Friedens durch Erziehung, die Montessori in viel beachteten Vorträgen geäußert hat.[143]

Eine wichtige Ergänzung erfahren diese Schriften durch Maria Montessoris Darstellung ihres aus der Embryologie gewonnenen Entwicklungsbegriffs und ihren Entwurf einer Theorie der »organisierten Gesellschaft«, die sie in ihrem Buch *Das kreative Kind* vorlegt.

Der Versuch, Montessoris kosmische Denkweise auf ihren systematischen Gehalt zu befragen und die sich aus diesem Denkansatz ergebenden Konsequenzen für die anthropologischen und teleologischen Grundlagen der Erziehung aufzuzeigen, wird nicht zuletzt dadurch erheblich erschwert, dass Montessoris Gedanken weitgehend nur in Form von Vortragsmitschriften vorliegen, die überwiegend im Rahmen von Ausbildungskursen entstanden sind. Diese Texte sind von Montessori selbst rhetorisch geschickt auf eine gläubige Anhängerschaft von Erziehern und Lehrern abgestimmt, und zielen weit mehr auf die Gewinnung emotionaler Zustimmung als auf eine streng systematische Entwicklung der Gedanken.

Maria Montessoris kosmisches Denken

Montessoris kosmische Theorie erkennt in der gesamten Schöpfung die Wirksamkeit eines universalen Evolutionsplanes, der das gesamte Universum determiniert und so auch die Entwicklung des Planeten Erde mit seinen organischen und anorganischen Lebensformen entscheidend bestimmt. Montessori selbst versteht ihre kosmische Theorie als den naturwissenschaftlich untermauerten Versuch, »die Existenz aller Lebewesen auf dieser Erde unter einem einheitlichen Gesichtspunkt« zu betrachten, den sie mit ihrer naturmetaphysischen Deutung der Evolution auch tatsächlich gefun-

---

143 Die Vorträge zu Friedenserziehung sind in dem Band erschienen: Frieden und Erziehung. Hrsg. von P. Oswald/G. Schulz-Benesch. Freiburg im Breisgau 1973.

den zu haben glaubt. Innerhalb des Naturganzen dient das instinktgeleitete Verhalten jedes einzelnen Lebewesens nicht nur der Arterhaltung, sondern steht gleichzeitig und quasi unbewusst im Dienst einer komplexen kosmischen Aufgabe. Die unterschiedlichen Lebensformen untereinander und selbst die organische und anorganische Natur befinden sich in einem vollkommenen ökologischen Gleichgewicht, das durch die Lebewesen selbst erhalten wird.

Montessori nennt als anschauliches Beispiel das Verhalten der Bienen, die ihre Nahrung in den Blüten der Pflanzen suchen und dabei unbewusst die scheinbar altruistische Aufgabe erfüllen, durch die Bestäubung der Blüten das Überleben der Pflanzen zu sichern. Selbst das »unscheinbarste Geschöpf« verfügt so über »innere Direktiven«, auf Grund derer das Verhalten eines Lebewesens in seiner spezifischen Umwelt als durchaus »intelligent« im Sinne von zweckmäßig erscheint. Alle Lebewesen führen »durch den Prozess ihrer eigenen Ernährung oder Nahrungssuche eine kosmische Aufgabe aus, die dazu beiträgt, die Natur in einem harmonischen Zustand der Reinheit zu erhalten. Jede Art wirkt für das Ganze, und vom Werk eines jeden hängt die Lebensmöglichkeit des Ganzen ab. Diese kosmischen Aufgaben sind weise unter allen Verhaltensformen verteilt worden, die unwiderstehlich zu einer bestimmten Aufgabe drängen, welche der Gemeinschaft dient.«[144]

In diesem Sinne findet sich innerhalb der Natur eine bewundernswerte Übereinstimmung zwischen »der Form der Organe« und der bestimmten kosmischen Aufgabe, die ein Tier in der Umwelt zu erfüllen hat, selbst dann, wenn dies keinen direkten Vorteil für das Tier selbst bedeutet. Montessori stützt sich bei ihrer Naturinterpretation auf die Forschungen von Coghill und Gesell, die durch ihre Erforschung der embryonalen Entwicklung zu dem Ergebnis gelangten, dass die Herausbildung von Unterschieden zwischen den Lebewesen nicht »an das primitive Embryonalgeschehen« gebunden ist, sondern maßgeblich von dem Verhalten der Tiere in der Umwelt geprägt wird.

144 Kosmische Erziehung, S. 21.

Die gesamte Erde erscheint so innerhalb von Montessoris naturwissenschaftlich kaum haltbarer Deutung als Schöpfung der Lebewesen: »Die Lebewesen schaffen das universale Gleichgewicht; die Tiere sind keine Wesen, die getrennt von ihrer Umgebung leben und sich ihr angleichen, und so auch die Pflanzen; man kann sagen, dass das Leben die schöpferische Kraft der Welt darstellt. Das Leben erhält das Leben. Die Lebewesen sind schöpferische Arbeiter, Reiniger und Erhalter der Umgebung. Was sie tun, tun sie nicht für sich selbst; der Zweck, den sie verfolgen, ist nicht der, die Art für sich selbst zu erhalten, sondern der, die Welt zu erhalten (...) sie gehorchen auch einem höheren Zweck. Sie handeln nicht nur für die Erhaltung der Art, sondern tun viel mehr: sie schaffen die Welt.«[145]

Alle Lebewesen scheinen so über die eigene Arterhaltung hinaus unermüdlich an einer großen Aufgabe zu arbeiten und auf ein gemeinsames Ziel ausgerichtet zu sein: Sie realisieren einen höheren Zweck in der Natur.

Bestimmte Verhaltensweisen der Tiere, wie etwa die eigenartige Ernährungsweise des Regenwurms, der Erde aufnimmt, um Humus hervorzubringen, oder die der Aasfresser, die innerhalb der Natur eine wichtige reinigende Funktion erfüllen, lassen sich, so Montessori, durch Darwins Theorie der Anpassung an die Umwelt nicht erschöpfend erklären. Bereits in ihrer *Pädagogischen Anthropologie* hatte sich Montessori intensiv mit den Evolutionstheorien ihrer Zeit auseinander gesetzt. Sie kannte sowohl die bedeutende Schrift von Le Dantec *Theorie nouvelle de la vie* aus dem Jahre 1896 als auch die Evolutionstheorie Leon Laloys, die er 1902 in seinem Buch *L'evolution de la vie* entwickelte. Mit Laloy und Dantec teilt Montessori uneingeschränkt eine skeptische Distanz zu Darwins Evolutionstheorie, die sich vor allem aus der Frage nach einer möglichen Teleologie im Evolutionsverlauf ergab. Montessori stimmt grundsätzlich mit Darwin darin überein, dass die Evolution mit Fortschritt und Höherentwicklung gleichzusetzen sei; beide kommen jedoch zu völlig unterschiedlichen Deutungen der inneren Mechanismen, die diesen Fortschritt bewirken. Während Darwin im agona-

145 Frieden und Erziehung, S. 43.

len Widerstreit der Lebensformen und im dramatischen Kampf ums Überleben den Motor der natürlichen und sozialen Evolution erkennt, sieht Montessori den Fortschritt im harmonischen Ineinander der Lebensformen und in der sukzessiven Annäherung an die Idee eines weltumspannenden ewigen Friedens realisiert. Bedeutet das Fehlen von Wettstreit und Kampf für Darwin automatisch eine Stagnation in der Evolution, interpretiert Montessori Konflikt und Kampf als Symptome einer regressiven Abweichung von der göttlichen Schöpfungsordnung. Während für Darwin der weitere Verlauf der Evolution grundsätzlich nicht vorhersehbar ist, glaubt Montessori, einen göttlichen, sich eigendynamisch realisierenden Schöpfungsplan zu kennen, der nicht nur der Natur, sondern auch dem kulturschaffenden Handeln des Menschen sein Ziel vorgibt.

Montessori bezweifelt daher grundsätzlich, dass sich die Aufgabe der Lebewesen und der Sinn des Daseins allein im Kampf ums Überleben erschöpft und sich das Ziel der Evolution auf die »sukzessive Vervollkommnung in einer Aufeinanderfolge von Formen« reduziert.[146] Eine »lineare Auffassung von der Evolution«, die die Abstammung durch die Anpassung, die Vererbung und den Impuls zur Vervollkommnung erklärt, ist im Verständnis Montessoris nicht mehr ausreichend.[147]

Den wahren »Sinn des Lebens« erkennt Montessori weder im Überleben des Stärkeren (survival of the fittest) noch in der Vervollkommnung des Individuums, sondern allein in der »notwendigen Funktion, die ein Lebewesen für seine Umwelt spielt«. Als finales Ziel der Evolution nennt Montessori die Integration der unterschiedlichen Aufgaben und Funktionen der Lebewesen zu einem harmonischen Ganzen, wie sie es durch das ökologische Gleichgewicht innerhalb der Natur bereits vorbildlich realisiert sieht. Jedes Lebewesen wird so zu einem »Agenten der Schöpfung«, der mit seinem klar vorherbestimmten und durch Instinkte abgesicherten Verhalten der Aufrechterhaltung und Stabilisierung der kosmischen Ordnung dient.

146 Das kreative Kind, S. 49f.
147 A.a.O., S. 51.

In der zunehmenden funktionalen Übereinstimmung der verschiedenen Funktionen auf einen »universalen Endzweck« hin sieht Montessori das grundlegende Prinzip jeglicher Form von Entwicklung, sei es im Hinblick auf die Evolution der Natur, die physische und psychische Entwicklung des Kindes oder selbst hinsichtlich der sozialen Evolution der Menschheit, deren »Endzweck« Montessori in der Integration menschlicher Funktionen im Dienste der Hervorbringung einer organisierten Weltkultur im Sinne einer einzigen, universalen und friedvollen Gesellschaft sieht.

Es gibt, so lautet der zentrale Gedanke von Montessoris kosmischer Theorie, eine starke Evolutionskraft, die, über den Impuls zu überleben hinaus, auf die Harmonisierung der Aufgaben, Funktionen und Tätigkeiten der Lebewesen zielt. Ökologie und Geologie werden von Montessori als neue Wissenschaften hervorgehoben, die dem kosmischen Schöpfungsplan mit Hilfe naturwissenschaftlicher Forschung auf die Spur zu kommen suchen. Während die Ökologie die symbiotischen Verhältnisse zwischen den verschiedenen Lebewesen erforscht und im Sinne einer »Wirtschaftskunde der Natur« und als »praktische Biologie« ihre Forschungsergebnisse für die Optimierung der landwirtschaftlichen Erzeugung zur Verfügung stellt, studiert die Geologie die unterschiedlichen Funktionen der Lebewesen zur Schaffung und Erhaltung der Erde, wobei sich Montessori hier vor allem auf den deutschen Geologen Friedrich Ratzel, den Biologen Jean-Henri Fabre und auf ihren Onkel, den angesehenen italienischen Geologen und Naturphilosophen Antonio Stoppani, stützt. Antonio Stoppani hatte Zeit seines Lebens um die Versöhnung der modernen naturwissenschaftlichen Forschung mit den dogmatischen Glaubensaussagen der Kirche gerungen. Mit seiner Darstellung der Schöpfungsgeschichte, die 1887 in Mailand unter dem Titel *Sulla Cosmogonia Mosaica. Triplice saggio di una Esegesi della storia della Creazione secondo la ragione e la fede*[148] erschienen ist, hoffte Stoppani eine Deutung der Evolution vorgelegt zu haben, die sowohl vor der wis-

---

148 Vgl. hierzu Schwegman, M.: Maria Montessori. Kind ihrer Zeit. Frau von Welt. Darmstadt 2000, S. 18f.

senschaftlichen Vernunft als auch vor dem christlichen Glauben zu bestehen vermochte. In dem naturphilosophischen Denken Stoppanis fand Montessori den Gedanken einer kosmischen Weltordnung und die Idee einer Interdependenz der Lebensformen bereits ausformuliert vor. Das von Stoppani anschaulich gezeichnete Bild der Natur als eines gut organisierten Heeres, das im Dienst einer großen kosmischen Aufgabe gehorsam seine Pflicht erfüllt, wird von Montessori fast wörtlich übernommen.

Ähnlich wie Stoppani erhoffte sich auch der Biologe Jean-Henri Fabre eine Vermittlung von naturwissenschaftlicher und religiöser Weltsicht. Indem er die Natur als Offenbarung einer göttlichen Schöpfermacht interpretiert und sowohl in der Gesetzmäßigkeit der Natur als auch in dem instinktgeleiteten Verhalten der Tiere die göttliche Intelligenz am Wirken sieht, bleibt seine Weltsicht bei aller angestrebten wissenschaftlichen Positivität im Grunde religiös.[149]

Diese von Ratzel, Fabre, Stoppani und Montessori angestrebte Vermittlung von wissenschaftlicher Naturerkenntnis und traditioneller christlicher Weltdeutung durch eine *induktive Metaphysik* wurde durch das 1859 erschienene Buch von Charles Darwin *On the origin of Species* radikal in Frage gestellt. Darwin ersetzt den Gedanken eines göttlichen Schöpfungsplanes und einer höheren Zweckmäßigkeit in der Evolution durch den Mechanismus der Selektion. Es gibt laut Darwin kein von Gott festgelegtes und sich eigendynamisch verwirklichendes Ziel, der Ausgang der Evolution ist von daher grundsätzlich offen und nicht vorhersehbar. Wenn Maria Montessori ihre kosmische Weltdeutung als vermeintliche Ergänzung der Evolutionstheorie Darwins versteht, ist sie sich offensichtlich der bis an die Wurzeln gehenden Erschütterung des traditionellen und vormodernen Weltbildes, dem sie selbst verhaftet bleibt, nicht bewusst. Montessori unterliegt damit einem Denkfehler, den Jürgen Oelkers zunächst ganz allgemein wie folgt formu-

---

149 Vgl. hierzu die ausführliche Darstellung in: Böhm, W.: Maria Montessori. Hintergrund und Prinzipien ihres pädagogischen Denkens. Bad Heilbrunn ²1991, S. 110f.

liert: Allein durch die Annahme einer Teleologie in der Evolution war es dem Gros der reformpädagogischen Ansätze zu Beginn des 20. Jahrhunderts möglich, die evolutive Entwicklung als eine pädagogische Kategorie zu begreifen. Evolution bedeutet in pädagogischer Hinsicht stets »prospektiven Fortschritt« und nicht »biologische Kontingenz«. Das Ziel der Evolution wird zwar naturmetaphysisch bestimmt, nimmt aber die Überzeugungskraft empirischer Forschung für sich in Anspruch. Die Annahme einer Teleologie in der Entwicklung lässt sich jedoch gerade nicht, wie Maria Montessori im Anschluss an ihre Gewährsleute dachte, empirisch, sondern eben nur naturmetaphysisch begründen.[150]

Auf die Unhaltbarkeit einer solchen teleologischen Evolutionstheorie hat unlängst der Biologe und Wissenschaftstheoretiker Franz M. Wuketits hingewiesen. Es ist, so Wuketits, wissenschaftlich nicht möglich, genau festzulegen, ob die Evolution bestimmte Absichten und Ziele verfolgt oder nicht, genauso wenig wie es wissenschaftlich möglich ist, induktiv Gesetze zu gewinnen, die eine »Höherentwicklung automatisch erzwingen«. Es ist von daher höchst fraglich, ob es tatsächlich einen »Pfeil der Evolution« gibt, und falls es ihn geben sollte, fliegt er in keine nach wissenschaftlichen Kriterien bestimmbare Richtung.[151] Wuketits schlägt daher vor, die Evolution mit einem Spiel zu vergleichen, die zwar, wie das Spiel auch, festgelegten (physikalischen) Regeln folgt, deren Ausgang aber wie der eines Spieles grundsätzlich offen bleibt.[152]

Die letztendliche Begründung ihrer kosmischen Weltsicht gewinnt Montessori auch nicht aus den modernen Naturwissenschaften, deren Forschungsergebnisse Montessori ohnehin nur sehr selektiv zur Kenntnis nimmt, sondern aus der physikotheologischen Argumentation, die von der in der Welt durchgängig zu beobach-

---

150 Vgl. Oelkers, J.: Reformpädagogik. Eine kritische Dogmengeschichte. Weinheim 1989, S. 90.

151 Vgl. hierzu Wuketits, F.M.: Evolution. Die Entwicklung des Lebens. München 2000, S. 53.

152 A.a.O., S. 77.

tenden Ordnung und Zweckmäßigkeit auf das Dasein eines Schöpfergottes schließt.

Seine Hochzeit erlebte dieses physikotheologische Denken, dessen Wurzeln bis zu den mytischen Welterklärungen der Vorsokratiker reicht, im 17. Jahrhundert.[153] In seinem 1714 erschienen Buch *Physicotheology* verweist W. Derham auf eine bewundernswerte Harmonie in der Schöpfung, die sich in dem harmonischen Ineinandergreifen der Weltelemente offenbart. Diese kosmische Ordnung interpretiert Derham als Werk eines göttlichen Geometers, der seiner Schöpfung sowohl ein ordnendes Prinzip als auch ihr Telos mitgegeben hat. Der Physiker Robert Boyle gründete sogar eine Stiftung, die den Zweck verfolgte, mit Hilfe der wissenschaftlichen Forschung die Existenz Gottes und seiner göttlichen Eigenschaften »aus dem zweckmäßigen Bau und dem ordentlichen Lauf der Natur« zu beweisen.[154]

In dieser physikotheologischen Denktradition steht auch Maria Montessori, wenn sie die Erkenntnis Gottes an die naturwissenschaftliche Forschung bindet.

Montessoris Annäherung an die Idee einer Wissenschaftsreligion

»*Es scheint, dass es (…) etwas gibt, was die gesamte Menschheit einbezieht, oder vielleicht noch mehr: das Universum selbst, die Schöpfung, die universale Harmonie. Dieses Etwas könnte als eine religiöse Idealität verstanden werden. Aber wovon ich spreche, ist die Möglichkeit, diese einheitliche und universale Mission in der Wissenschaft zu erkennen.*«[155]

---

153 Siehe dazu Böhm, W.: Gnade und Erziehung. In: Eykmann, W. (Hrsg.): Gnade und Erziehung. Schriftenreihe der KED, Heft 36, Bonn 2001, S. 7–28.

154 Vgl. hierzu den Artikel Physicotheology. In: Edwards, P. (Hrsg.): The Encyclopedia of Philosophy, vol. 6. London/New York 1967, S. 300–305.

155 Frieden und Erziehung, S. 107.

In ihrem 1937 in Kopenhagen gehaltenen Vortrag zu dem Thema *Erziehung für den Frieden* lässt Montessori keinen Zweifel darüber aufkommen, dass sie der Weg zu Gott und zu seinem kosmischen Schöpfungsplan über die (natur-)wissenschaftliche Erkenntnis führt. Jene durch die Wissenschaft aufgezeigten Gesetzmäßigkeiten, die die Natur in einem funktionellen Gleichgewicht erhalten, interpretiert Montessori als »Manifestationen des göttlichen Geistes«, denen schon auf Grund ihres göttlichen Ursprungs mit Achtung und Ehrfurcht zu begegnen ist. Montessori bezieht sich damit explizit auf einen physikotheologischen Beweis der Existenz Gottes, der von einer in der Natur aufzufindenden Ordnung und Zweckrationalität auf einen Schöpfergott zurückschließt. Die Schöpfung erscheint als das Werk eines himmlischen Geometers, der die Welt nach einer streng mathematischen Ordnung intelligent geschaffen hat und durch seine Schöpfung für den Menschen zugänglich wird. Dem Menschen wird innerhalb dieser physikotheologischen Argumentation die Möglichkeit eröffnet, auf Grund seiner Partizipation an der göttlichen Intelligenz diese logische Ordnung auf dem Weg positiver Naturforschung zu erkennen und in Form von allgemeinen und zeitlosen Naturgesetzen zu formulieren. Die klare Struktur und die logische Ordnung der Natur erscheinen dabei als »unsichtbarer, immaterieller« Grund der Natur und des Menschen.

Mit Hilfe seiner »mathematischen Intelligenz« ist es dem Menschen möglich, eine der Natur immanente göttliche Ordnung zu erfassen und die Welt nach Maßgabe dieser Ordnung zu gestalten.

Die jedem vernunftbegabten Menschen grundsätzlich mögliche Annäherung an Gott über den Weg der wissenschaftlichen Erkenntnis stellt Montessori sowohl über die philosophische Reflexion als auch über die einzelnen Offenbarungsreligionen, da allein eine solche »Wissenschaftsreligion« dem Streit der Konfessionen ein Ende zu bereiten und die von Montessori intendierte Einheit der Menschheit auch in spiritueller Hinsicht zu verwirklichen vermag.

Einen möglichen Konflikt mit den dogmatischen Glaubensaussagen der katholischen Kirche oder mit der theistischen Gottesauffassung der christlichen Konfessionen sehen Montessori und viele ihrer Rezipienten offensichtlich nicht. Montessori ist vielmehr davon überzeugt, mit ihrer von Auguste Comte entliehenen Idee einer Wissenschaftsreligion die notwendige Synthese zwischen wissenschaftlicher Erkenntnis und christlichem Glauben tatsächlich geleistet zu haben, wenngleich sie mit ihrem Religionsverständnis das Wesen des christlichen Offenbarungsglaubens völlig verfehlt.

Die Religion des modernen Menschen charakterisiert Montessori in ihrem Buch *Schule des Kindes* ganz im positivistischen Sinne als eine mit dem wissenschaftlichen Fortschritt wachsende Religion, die sich nicht durch die hermeneutische Auslegung göttlicher Offenbarung, sondern allein durch die positive Naturforschung immer mehr läutert und erhellt.[156]

Montessori rückt mit ihrem Denken unverkennbar in die Nähe des Deismus, einer Denkrichtung, die zwar einen Schöpfergott annimmt, jedoch davon überzeugt ist, dass nach der Schöpfung keinerlei Eingriffe durch diesen Gott in den weiteren Verlauf der Evolution erfolgen, sodass in letzter Konsequenz der Mensch die Schöpfung vollendet und, wie Montessori predigend hinzufügt: »zum wirkenden Austeiler des Segens Gottes« wird. Im Menschen erkennt Montessori den »aktivsten der kosmischen Kräfte«, der nicht nur wie die Tiere unbewusst und mit innerer Notwendigkeit der Erhaltung eines ökologischen Gleichgewichtes in der Schöpfung dient, sondern der mit dem Instrumentarium der modernen Wissenschaft der Welt ein neues und fortschrittliches Gesicht zu verleihen vermag.

Die wahre Natur des Menschen und seine Stellung im Kosmos erschließt sich für Montessori durch seine Ähnlichkeit und gleichzeitige Unterschiedenheit von der göttlichen Kreativität.

Während im Verständnis Montessoris allein dem göttlichen Denken die im eigentlichen Sinne *kreative* Eigenschaft zukommt, aus dem Nichts (creatio ex nihilo) eine völlig neue und einmalige Schöpfung hervorzubringen, bleibt der Mensch in seiner welt-

---

156 Schule des Kindes, S. 249.

erkennenden und weltverändernden Funktion auf die Reproduktion der göttlichen Ordnungsstrukturen beschränkt.

Gleichwohl ist der Mensch dazu berufen, an Stelle Gottes und in seinem Sinne die Schöpfung zu beschleunigen und zu vervollkommnen, indem er durch die wissenschaftliche Gewinnung immanenter Gesetzmäßigkeiten eine zunehmende »Kontrolle über das Leben selbst« auszuüben vermag. Dabei befindet sich die Menschheit erst am Beginn der Realisierung ihrer kosmischen Mission, die den Menschen zu »supernaturalen und göttlichen Kräften« zu führen verspricht. Gleich einem Gott wird der Mensch zum uneingeschränkten Herrn über das Leben, nachdem die Biologie, näherhin die Embryologie und die Genforschung die letzten Geheimnisse des Lebens entschlüsselt und für den Menschen verfügbar gemacht haben. Mit einer für uns angesichts der aktuellen Problematik moderner Genforschung erschreckend wirkenden naiven Fortschrittsgläubigkeit lobt Montessori die wunderbaren Ergebnisse gentechnologischer Manipulation von Pflanzen und Tieren. Die Embryologie habe, so Montessori, das »Stadium der abstrakten Theorie« überschritten und kann nun uneingeschränkt und jenseits aller ethischen Bedenken praktische Anwendung finden. Neben der Embryologie werden vor allem eine biologische und soziale Eugenik als fortschrittliche Wissenschaften gerühmt, die eine gezielte Einflussnahme auf die Zeugung und die embryonale Entwicklung ermöglichen. Durch die unhinterfragte Ineinssetzung von physischer und psychischer Entwicklung des Kindes wird auch die geistige Entwicklung von außen steuerbar und manipulierbar, sodass Montessori voller Überzeugung ausrufen kann: Ein neuer, göttlicher Mensch ist für eine neue, bessere Welt mit Hilfe moderner wissenschaftlicher Forschung technisch machbar. Diese Hoffnung bringt Montessori in folgendem Zitat zum Ausdruck:

>*... das Studium der Embryologie ist nicht länger abstrakt und fruchtlos. Wenn wir uns überlegen, dass die psychische Entwicklung einen ähnlichen Weg geht, können wir uns vorstellen, dass der Mensch, der heute das Leben beeinflusst und neue, höher ent-*

wickelte Arten züchtet, auch die psychische Bildung des Menschen unterstützen und kontrollieren kann.«[157]

Die Errettung und Erlösung des Menschen durch die Gestaltung einer vollkommen organisierten, humanen und friedvollen Weltgesellschaft erhofft sich Montessori weder vom gnadenhaften Handeln Gottes noch von der eschatologischen Verheißung der christlichen Offenbarung, sondern vom Menschen selbst, genauer vom vollkommen normalisierten Kind als dem messianischen Hoffnungsträger der Menschheit, das als Inkarnation der göttlichen Intelligenz den Weg in eine bessere Zukunft weist. Die von Susanne Heine als »bescheidene christliche Grundidee« bezeichnete Überzeugung, dass sich menschliches Leben in unaufhebbare Widersprüche verstrickt sieht und sich gerade angesichts dieser Widersprüche einigermaßen menschlich bewähren muss, weil es letztendlich die Erlösung dem überlässt, der dafür zuständig ist, bleibt dem Denken Montessoris offenbar völlig fremd.[158]

Als »Hauptagent Gottes« ist der Mensch zwar dazu berufen, mit Hilfe seiner Intelligenz das göttliche Schöpfungswerk fortzusetzen und zu vollenden, er steht mit dieser Aufgabe jedoch im Dienste des göttlichen Evolutionsplanes und weiß sich an den Schöpfungswillen Gottes gebunden, der sich in der kosmisch-naturgesetzlichen Ordnung kundgibt. Das Subjekt des Geschichtsverlaufes ist somit nicht der freischaffende Mensch selbst, sondern Gott, der den Menschen als gefügiges Werkzeug seines Willens in seinen kosmischen Plan zu integrieren weiß.

Damit verkennt Montessori jedoch gerade das Spezifische des christlichen Glaubens, der mit aller Entschiedenheit den Primat der subjektiven Freiheit vor dem Primat kosmisch-naturgesetzlicher Notwendigkeit und damit des Besonderen vor dem Allgemeinen betont. An die Stelle der Notwendigkeit setzt der christliche

---

157 Vgl. hierzu: Das kreative Kind, S. 46.
158 Vgl. ergänzend den Aufsatz von Heine, S.: Montessori und die Vergottung des Kindes. In: Kinder sind anders. Maria Montessoris Bild vom Kind auf dem Prüfstand. Hrsg. v. Harth-Peter, W. Würzburg 1996, S. 227–242.

Glaube »die Freiheit als Konstruktionsprinzip der Welt«, die sich von daher niemals vollständig auf eine mathematische Logik reduzieren lässt, sondern deren grundsätzliche »Unberechenbarkeit als Implikat der Freiheit« erscheint.[159]

Die Erlösung der Menschheit wird für Montessori weder über die »Meditation« noch über den Weg »der Untersuchung der geistigen Gründe der Dinge« erreicht, sondern allein über die produktive menschliche Arbeit im Sinne der technologischen Umsetzung wissenschaftlichen Verfügungswissens, durch die der Mensch »die Erde zu erlösen und die Wüsten zum Paradies zu verwandeln« vermag. Durch diese Arbeit, »die so beständig wie eine Funktion ist, die Funktion des Menschen, wird die Menschheit bis zur Annäherung an das Verstehen Gottes emporwachsen«[160]. Dahinter verbirgt sich der unchristliche Gedanke der *Selbsterlösung des Menschen durch Arbeit*. Von daher fordert Montessori, dass man die gleiche Achtung und Dankbarkeit, die innerhalb der unterschiedlichen Religionen Gott entgegengebracht wurde, in Zukunft auch gegenüber dem Menschen empfindet, und sie erklärt die Weckung einer solchen Haltung der Dankbarkeit und der Ehrfurcht gegenüber den kulturellen Hervorbringungen und wissenschaftlichen Leistungen des Menschen zum zentralen Ziel ihrer kosmischen Erziehung.

»Ohne Zweifel besitzt die kosmische Konzeption Affinität zu der Einheit Gottes, des Schöpfers, wie sie in vielen Religionen anerkannt wird. Sowohl Einheit unter den Menschen wie auch Hilfe für die Schwachen gehört zum christlichen Geist und zu dem anderer Religionen. Aber was in der kosmischen Theorie hervorgehoben wird, ist nicht nur die Nützlichkeit der mitmenschlichen Hilfe, sondern die gerechte Anerkennung der Verdienste der Menschen und der Tatsache, dass wir alles ihren Anstrengungen verdanken. In Religionen wird alles, was gut ist, der Gnade Gottes

---

159 Vgl. hierzu Ratzinger, J.: Einführung in das Christentum. Vorlesungen über das Apostolische Glaubensbekenntnis, München, S. 121f.
160 Vgl. Kosmische Erziehung, S. 23.

zugeschrieben (...) Wir mögen hier wiederholen: Gebt Gottes, was Gottes ist, und dem Menschen, was des Menschen ist. Es ist notwendig, dieses religiöse Gefühl der Dankbarkeit, das Gott entgegengebracht wurde, auch gegenüber dem Menschen zu erwecken. Religiöse Achtung vor der geheiligten Menschheit als dem wirkenden Austeiler des Segens Gottes muss in den kommenden Generationen erweckt werden.«[161]

Durch seine produktive Arbeit leistet der Mensch einen wesentlichen Beitrag zur Entwicklung der Erde und hinterlässt »eine Spur seiner ganzen Existenz und seines verzaubernden Pfades«[162]. Dem Menschen ist es nicht nur gelungen, seine Kräfte zu vervielfachen, sondern er vermochte sich weitgehend von allen Beschränkungen durch die Natur zu befreien. Die Intelligenz des Menschen ist auf diese Weise nahezu allmächtig geworden, sodass der Mensch nicht nur in die innersten Geheimnisse des Lebens einzudringen, sondern gleichsam »die Wunder einer neuen Schöpfung« zu vollbringen vermag. Die im göttlichen Schöpfungsplan vorgesehene kontinuierliche Vervollkommnung von Mensch und Gesellschaft ist an die menschliche Produktivität gebunden, deren kulturelle Hervorbringungen wiederum auf den Menschen zurückwirken. Der Gedanke, dass sich die Entwicklung allein durch die spontane Aktivität des Individuums entfaltet, sodass sich der Mensch, im Verständnis Montessoris, allein durch Arbeit bildet, wird nun auch auf die soziokulturelle Entwicklung der Menschheit übertragen. So wie das Kind durch seine konzentrierte Arbeit auf den Weg seiner Normalisierung geführt wird, so erhofft sich Montessori den gleichen therapeutischen Effekt der Arbeit im Hinblick auf die Normalisierung der Menschheit. Arbeitsprozesse verweisen stets auf immanente Bildungsprozesse. Eine zunehmende Optimierung der sozialen, politischen und kulturellen Lebensbedingungen des Menschen eröffnen dem einzelnen Individuum verbesserte Entwick-

161 A.a.O., S. 29f.
162 A.a.O., S. 21.

lungsmöglichkeiten und stehen damit im Dienst einer Gesundung des sozialen Gesamtorganismus.

Die disziplinierende Anerziehung einer entsprechenden Arbeitshaltung schon von frühester Kindheit an gewinnt so für den kulturellen Fortschritt der Menschheit und für die Sicherung des sozialen Friedens zentrale Bedeutung. Es ist für Montessori daher entscheidend, dass die Kinder und Jugendlichen so bald wie möglich praktisch in die Arbeits- und Produktionsmechanismen der Gesellschaft eingeführt werden, um rechtzeitig die nötigen Arbeitstugenden wie Konzentration, Zuverlässigkeit, Bewältigung von Problemen und Sachlichkeit zu erwerben, die später für eine erfolgreiche Bewältigung des Berufslebens unabdingbar sind.[163]

Montessoris Verständnis menschlicher Kultur bleibt im Wesentlichen auf die produktive Arbeitsleistung des Menschen beschränkt. Kulturelle Hervorbringungen wie Kunst, Literatur, Musik und Theater treten bei Montessori eindeutig in den Hintergrund. Der von Montessori angestrebte vollkommene Mensch ist nicht der Künstler oder der Philosoph, sondern der zielstrebige und produktive Arbeiter, der in sich den analytischen Geist des Wissenschaftlers mit den praktischen Fähigkeiten des Handwerkers verbindet. Die idealtypische Verkörperung des Arbeiters sieht Montessori daher im Landwirt, der durch das wissenschaftliche Studium der Naturbedingungen und durch die systematische Umsetzung seiner Erkenntnisse zu einer Optimierung der landwirtschaftlichen Produktion gelangt.

Die Stellung des Menschen im Kosmos

Die kosmische Stellung des Menschen zwischen subjektiver Freiheit und biologisch-sozialer Determination, zwischen der Last der Verantwortung gegenüber der Schöpfung und der willenlosen Rea-

---

163 Vgl. hierzu Geißler, E.E.: Die Schule. Theorien, Modelle, Kritik. Stuttgart 1984, S. 79ff.

lisierung des kosmischen Planes, wird durch Montessoris Idee menschlicher Moralität näher bestimmt.

Die in sich widersprüchliche Verwendung des Naturbegriffs zeigt sich hier in aller Deutlichkeit. Einerseits steht Natur dem Menschen als roher Stoff für seine poietische Gestaltungskraft zur Verfügung und wird durch den gezielten Eingriff des Menschen über ihre eigenen immanenten Zielsetzungen hinaus gestaltet und vervollkommnet. Auf der anderen Seite erhebt die Natur als Offenbarung der göttlichen Schöpfungsordnung normative Ansprüche gegenüber dem Menschen. Diese Spannung wird von Montessori dadurch gelöst, dass sie die kollektive kosmische Funktion des Menschen mit der »mystischen Aufgabe« umschreibt, in vollkommener Übereinstimmung mit dem in der Natur sich manifestierenden göttlichen Evolutionsplan die Natur zu gestalten und die Schöpfung zu vollenden. Die Frage nach der Freiheit des Subjekts und seiner ethischen Verantwortung wird von Montessori einseitig und höchst einschränkend beantwortet: die Vernunftleistung des Menschen und seine sittliche Freiheit beschränken sich auf die Erkenntnis und Anerkenntnis einer vorgegebenen göttlichen Ordnung. Das Vermögen seiner imaginativen Intelligenz wird auf die Rekonstruktion einer der Natur immanenten Gesetzmäßigkeit reduziert und sein Handeln an diese kosmische Ordnung gebunden. Eine Abweichung von der göttlichen Ordnung bezeichnet Montessori als »Sünde der Intelligenz«, deren Verfehlung sie darin sieht, dass sie sich in autonomer Selbstbestimmung an die Stelle Gottes setzen will und damit in »Ohnmacht, Sklaverei und Unglück« verfällt.[164]

Die Rückbindung menschlicher Imagination an den göttlichen Schöpfungsplan wird durch die positiven Wissenschaften geleistet, die als solche die »Erlösung des Denkens« und die »Reinigung von seiner Erbsünde« durch die Eliminierung jeglicher subjektiver und willkürlicher Zwecksetzungen ermöglichen.

Montessori gesteht auch dem erwachsenen Menschen nur die gleiche »kontrollierte Freiheit« zu, die sie für das Kind in Kinder-

---

164 Schule des Kindes, S. 225.

haus und Schule vorgesehen hat. So wie das Kind lediglich innerhalb einer klar vorgegebenen Ordnung und nur aus einer sehr begrenzten Anzahl von arrangierten Möglichkeiten »frei« wählen kann, schrumpft auch die subjektive Freiheit des Menschen auf die theoretische Erkenntnis und die praktische Realisierung des kosmischen Planes zusammen.

Der für das pädagogische Denken Montessoris zentrale Begriff der *Normalisierung* als Rückbindung des Menschen an die Führung durch die weise und göttliche Natur lässt sich nicht länger auf den pädagogischen Bereich eingrenzen, sondern wird in gleichem Maße für den erkennenden, ästhetisch, sozial und pädagogisch Handelnden maßgebend. Die Moralität des Menschen entscheidet sich ausschließlich und quasi mechanisch an seinem Verhalten gegenüber der göttlichen Schöpfungsordnung:

> »*Because, unquestionably, we are* **immoral**, *when we disobey the laws of life; for the triumphant rule of life throughout the universe is what constitutes our conception of beauty and goodness and truth – in short of divinity.*«[165]

Diese Textstelle aus der *Pädagogischen Anthropologie* lässt an Montessoris naturalistischer Deutung menschlicher Moralität keinen Zweifel aufkommen. Allein aus der Naturbetrachtung gewinnt der Mensch einen Maßstab für Schönheit, Wahrheit und Moralität, insofern die Natur als die Offenbarung des Göttlichen schlechthin erscheint. So wie der Mensch die Idee des Schönen aus der Harmonie und dem Gleichmaß der natürlichen Formen gewinnt und sich die Idee der Wahrheit in den Naturgesetzmäßigkeiten offenbart, entscheidet sich auch die Frage nach der menschlichen Moralität in seinem Verhalten gegenüber der göttlichen Natur.

Die Eigenschaft des »Gutseins« kommt im Verständnis Montessoris ausschließlich Gott zu. Der Mensch ist nur dann gut, wenn er sich ganz dem Dienst der Realisierung der kosmischen Schöp-

---

165 Pedagogical Anthropology. New York 1913, S. 27 (Hervorhebungen im Original).

fungsordnung verschreibt, denn: »Die Güte ist eine Eigenschaft Gottes. Wer erschafft, ist gut; und gut ist nur die Schöpfung. Und somit ist nur der gut, der der Schöpfung hilft, ihre Ziele zu erreichen.«[166]

Sittliches Handeln gründet für Montessori nicht in der Autonomie des Subjekts, das sich freitätig Zwecke setzt und sich durch Wahl und Entscheidung an die regulative Idee der Sittlichkeit bindet, sondern in einer demütigen und willenlosen Haltung gegenüber den determinierenden Naturgesetzen, welche die Entwicklung des Universums und damit auch unsere Weltordnung bestimmen. Der Mensch ist gut, wenn er sich im Einklang mit den göttlichen Schöpfungsgesetzen befindet. An dieser rein naturalistischen Beurteilung menschlicher Moralität hält Montessori auch in ihrem Alterswerk *Über die Bildung des Menschen* fest, wenn sie schreibt: »Bevor man gut sein kann, muss man sich der Ordnung der Gesetze der Natur fügen.«[167]

In ihrem 1937 in Kopenhagen gehaltenen Vortrag *Erziehung für den Frieden* formuliert Montessori den Gedanken ganz eindeutig:

>*»In der Entwicklung der Persönlichkeit sind zwei Wege möglich: die des Menschen, der liebt, und die des Menschen, der besitzt (…) Dies scheinen die zwei Wege des Guten und des Bösen zu sein: einer führt zum Paradies und der andere zur Hölle, einer führt den Menschen zu seiner über-natürlichen Vervollkommnung, der andere führt ihn unter das natürliche Niveau. Diese beiden Wege sind **nicht das Ergebnis einer freien Wahl**, sondern vielmehr die Folgen einer normalen oder anormalen Entwicklung des Menschen. Im Falle einer normalen Entwicklung kann man feststellen, wie das Gefühl der Liebe nicht nur gegenüber den Dingen, sondern auch gegenüber allen Lebewesen empfunden wird. Diese Liebe stammt nicht aus der Unterweisung. Sie ist die natürliche Folge der richtigen Lebensform.«*[168]

---

166 Schule des Kindes, S. 285.
167 Über die Bildung des Menschen, S. 48.
168 Frieden und Erziehung, S. 97f. (Hervorhebung vom Verfasser).

In ihrer *Schule des Kindes* verweist Montessori auf einen angeborenen inneren moralischen Sinn des Menschen, der es ihm erlaubt, unabhängig von gesellschaftlich bedingten und damit wandelbaren Moralvorstellungen eine Unterscheidung zwischen dem »absolut Guten« und dem »absolut Bösen« zu treffen. Das Gewissen als inneres moralisches Gefühl lässt den Menschen »die Gefahren wahrnehmen oder die günstigen Lebensumstände erkennen«[169]. Während das Gute ein Gefühl der Ausgeglichenheit, der Ordnung und Kraft verleiht, wird das Böse als Dunkelheit und Unordnung, als unerträglicher Schmerz und als Krankheit der Seele empfunden. Diese innere Sensibilität lässt den Menschen intuitiv das Lebensnotwendige suchen und erfassen. Aufgrund der Identifizierung von moralischen und biologischen Kategorien bezeichnet Montessori das Gute als das für das Leben Nützliche und das Böse »plump als Gefahr« für den Fortschritt. Das »moralische Gewissen« des Menschen entspricht in der naturalistischen Deutung Montessoris dem natürlichen Selbsterhaltungstrieb der Tiere, der instinktiv den »Sieg der Schöpfung« zu erringen sucht. Die Moralität des Menschen versteht Montessori nicht als Vernunftgesetz, sondern als Naturgesetz. Der moralische Mensch ist für Montessori der normalisierte Mensch, der sich in die göttliche Schöpfungsordnung einfügt und dadurch einen Zustand der inneren Ausgeglichenheit erfährt. Das Wachhalten und die Vervollkommnung dieser inneren Sensibilität für das Gute bzw. für das dem Fortschritt Dienliche steht im Zentrum einer moralischen Erziehung, die das Kind mit ganz klar formulierten Vorstellungen von Gut und Böse konfrontiert und vom Kind die uneingeschränkte und kritiklose Anpassung an die Moralvorstellungen und Wertvorgaben der Gesellschaft erwartet. Die vorbereitete Umgebung und die Erzieherin werden gegenüber dem Kind zu Repräsentanten einer moralischen Ordnung, an die sich das Kind von Anfang an gebunden weiß und die dem Kind eine klare und eindeutige Unterscheidung von Gut und Böse vorgibt.

169 Schule des Kindes, S. 316.

Montessoris Idee einer Erziehung zum Weltfrieden

In diesen großen Kontext ihrer kosmischen Weltsicht reihen sich Montessoris Vorträge zur Friedenserziehung, in denen sie das Problem einer gelingenden Erziehung zum Frieden aufwirft und zugleich um einen positiven Begriff des Friedens ringt.[170] Getragen werden diese Überlegungen von der Vorstellung von einer neuen Weltordnung jenseits von Politik und Diplomatie, denn während die Politik einen immer nur kurzfristigen und lediglich scheinbar echten und dauerhaften Frieden hervorzubringen vermag, ist der wahre Friede als anthropologische Grundgegebenheit des normalisierten Menschen nur durch eine positive Ursachenforschung in Bezug auf die Phänomene Krieg und Frieden und durch eine neue Erziehung möglich.

Der Krieg erscheint als »unergründliche Unvernunft«, und zwar in einer doppelten Hinsicht: zum einen sind die früheren Gründe für den Ausbruch eines Krieges wie etwa Stabilisierung und Erweiterung des Machtbereiches oder die Verteidigung nationaler und wirtschaftlicher Interessen obsolet geworden. Der Krieg bietet in der von Montessori organologisch gedachten Welt-Gesellschaft keinerlei materiellen Nutzen mehr, sondern mit jedem besiegten und gedemütigten Volk entsteht vielmehr innerhalb des Organismus Menschheit ein latenter Gefahrenherd für neue Konflikte; zum anderen bedeutet die Unvernunft die Abkehr von der leitenden göttlichen Intelligenz, die sich mit jedem Kind stets von neuem inkarniert.

Die Frage nach der Möglichkeit einer direkten Friedenserziehung wird von Montessori zunächst negativ beantwortet: Der Krieg lässt sich nach Montessori nicht dadurch vermeiden, dass wir die Kinder den Suggestionen des Krieges entziehen und ihnen kriegerische Heldengeschichten und entsprechendes Kriegsspielzeug vorenthalten. Die Menschen führen keinen Krieg, weil sie von

---

170 Maria Montessoris zahlreiche Vorträge zu dem Thema *Frieden und Erziehung* sind unter dem gleichen Titel im Jahre 1973 in Freiburg, hrsg. von Paul Oswald und Günter Schulz-Benesch, erschienen.

einem Spielzeug beeinflusst wurden. Der Krieg stellt sich als ein äußerst komplexes Phänomen dar, das es zunächst in seinen Zusammenhängen zu verstehen gilt. Allein auf Grund der positiven Erforschung der Ursachen eines Krieges können wirksame Gegenmaßnahmen ergriffen und gefährliche Krisensituationen von Anfang an vermieden werden. In einer ihrer bedeutendsten Reden zum Frieden, die Maria Montessori im Jahre 1932 in Genf gehalten hat, begründet sie ihre entschiedene Forderung nach einer »Wissenschaft vom Frieden« mit dem Hinweis auf die Pest als einer der größten Geiseln der Menschheit, und eines »dem Krieg ähnlichen Phänomen (…), das ihn im physischen Bereich auf beeindruckende Weise widerspiegelt«.[171]

Die Pest forderte weitaus mehr Opfer und verursachte katastrophalere wirtschaftliche Zusammenbrüche als die Kriege und konnte letztendlich über Jahrhunderte hinweg ungestört wüten und ganze Nationen vernichten, weil die Menschen auf Grund ihrer Unwissenheit nicht in der Lage waren, sich vor der Pest zu schützen. Aus einer allgemeinen Unsicherheit heraus wurden die Ursachen einer Pest einzelnen Menschen angelastet, die die Pest angeblich absichtlich verbreiteten bzw. die auf Grund einer moralischen Schuld von Gott gestraft wurden.

Das gleiche Phänomen wiederholt sich in der Deutung Montessoris hinsichtlich der ursächlichen Klärung eines Krieges. Immer werden Einzelpersonen angeklagt und zur Rechenschaft gezogen. Wie aber, so Montessori, sollte ein offensichtlich pathologischer Vorgang, wie ihn der Krieg darstellt, durch eine individuelle Schuld erklärt oder gar als Fall eines Strafverfahrens diskutiert werden.

Die Pest wurde in dem Augenblick besiegt, als sie durch die Medizin als Infektionskrankheit entlarvt wurde, die auf Grund der miserablen hygienischen Zustände eine rasche Ausbreitung finden konnte. Den endgültigen Sieg über die Pest brachten die individuelle Hygiene und die Idee, dass nicht die Verteidigung gegen die Krankheit das Ziel der medizinischen Bemühungen sein dürfte, sondern der gesunde, starke, voll entwickelte, gegen jede Krankheit

---

171 Frieden und Erziehung, S. 6f.

gewappnete Mensch. Während sich die *individuelle Gesundheit* als wirksamste Waffe gegen die Pest erwies, wird sich auch die *kollektive Gesundheit* des Organismus Menschheit als alleiniger Weg zur Sicherung des Weltfriedens erweisen.[172]

Die Situation des Krieges erscheint als krankhafter Zustand der Menschheit und bedarf zu seiner Heilung weitaus dringender hygienischer Maßnahmen als politische und diplomatische Bemühungen. Ein durch Waffengewalt erzwungener Friede oder ein durch diplomatische Bemühungen erreichter Waffenstillstand hat mit dem wahren Frieden als Zustand der Gesundheit und Normalität nichts zu tun. Das »triumphierende Unrecht« besteht in einer erzwungenen Anpassung der Besiegten und Unterlegenen an die endgültige Beherrschung durch den Stärkeren. Der Krieg stellt für Montessori von daher einen eklatanten Verstoß gegen die universale kosmische Harmonie dar, von der Sieger und Besiegte gleichermaßen weit entfernt sind.

Die Analyse der weltweiten Krise veranlasst Montessori zu folgender These: Der Aufbau der modernen Gesellschaft hat sich zu weit von der natürlichen kosmischen Schöpfungsordnung entfernt. Ungeordnetheit, Disziplinlosigkeit und ein sich ausbreitender individueller und nationaler Egoismus, verbunden mit einem Kult subjektiver Interessen, sind die äußeren Symptome einer ernsthaften Erkrankung des Organismus Menschheit. Eine Wiedergesundung bzw. eine Neuordnung ist für Montessori an die alte positivistische Ethik des Altruismus gebunden und bedarf einer starken, die gesamte Menschheit vereinenden Idee. Diese Idee erblickt Montessori in ihrer kosmisch-organologischen Sicht von Mensch und Welt.

---

172 A.a.O., S. 10.

Montessoris sozialbiologische Theorie der organisierten Gesellschaft

Mit ihrer Deutung der menschlichen Gesellschaft als ein sozialer Organismus greift Montessori einen zu ihrer Zeit durchaus geläufigen Topos der medizinischen Anthropologie auf und überträgt sowohl das embryonale Entwicklungsschema als auch die Idee eines der Entwicklung inhärenten Organisationsprinzips auf die menschliche Gesellschaft. Die Kategorien der zunehmenden Differenzierung und Strukturierung bis hin zur vollkommenen Integration der Funktionen liegen auch der evolutiven Entwicklung des sozialen Organismus zu Grunde. Als Telos der geschichtlichen und sozialen Evolution der Menschheit entwirft Montessori entsprechend die Vision einer einzigen, gerechten und vollkommen geordneten Gesellschaft, die nach Abschaffung aller nationalen, politischen, religiösen und wirtschaftlichen Schranken die Idee der einen Menschheit als Realisierung der universalen kosmischen Ordnung verkörpert.

Der sich in der embryonalen Entwicklung als Ausdruck einer göttlichen Schöpfungsordnung zeigende universale und einheitliche »Bauplan der Natur« soll nun auch als Matrix für die soziale Reorganisation des Gesamtorganismus Menschheit dienen. In ihrer Schrift *Über die Bildung des Menschen* fordert Montessori, die Probleme sowohl des »psychischen Aufbaus des menschlichen Lebens« als auch »die wandelbaren Gesetze, die die Gesellschaft bei ihrer fortschreitenden Entwicklung auf der Erde leiten«, nach den Gesetzen der kosmischen Ordnung zu lösen.[173]

Selbst die geschichtlich-kulturelle Entwicklung des Menschen folgt im Verständnis Montessoris immanenten kosmischen Geset-

---

173 Über die Bildung des Menschen, S. 22.

zen, die sich auch gegen den Widerstand des Menschen, oder zumindest bislang von ihm noch unerkannt, eigendynamisch verwirklichen. Die sich immer komplexer gestaltenden Möglichkeiten weltweiter Kommunikation, die Entstehung globaler Wirtschaftsinteressen und Handelsabkommen und einen sich immer intensiver gestaltenden wissenschaftlichen und wirtschaftlichen Diskurs interpretiert Montessori als Errungenschaften auf dem Weg zum kosmischen Ziel, sodass Montessori emphatisch ausrufen kann:

> »*Die ganze Menschheit bildet einen einzigen Organismus (…) eine einzige Einheit:* **eine Einzige Nation** *(…) Es gibt keine getrennten Gruppen von Menschen mehr, wie es gestern war. Ein einziges Interesse vereint sie in einem einzigen lebenden und wirkenden Organismus.*«[174]

Die Existenz einzelner Nationen mit ihren politischen, kulturellen und religiösen Eigentümlichkeiten ist innerhalb Montessoris kosmischer Vision sinnlos geworden, denn, so Montessori, der neue Bürger einer neuen Welt wird »der Bürger des Universums« sein. Angesichts einer solchen weltweiten Entwicklung, die die Welt zunehmend über alle nationalen und politischen Schranken hinaus als organische Einheit sehen lässt, erscheint Montessori der Nationalismus geradezu als Absurdität, der sich der zunehmenden Einheit der Menschheit unter einem wirtschaftlichen, materiellen und intellektuellen Gesichtspunkt entgegenstellt. Den Nationalismus interpretiert Montessori von daher als »gewaltsame Bewegung zum Zwang in getrennte Gruppen«, die der natürlichen Evolution der Gesellschaft entgegenläuft und von daher nur durch »äußere Mechanismen«, das heißt durch politische Zwangsmaßnahmen aufrechtzuerhalten ist. Der Aufgliederung der Menschheit in getrennte nationale Gruppierungen fehlt dabei jegliche »moralische« Grund-

---

174 Vgl. hierzu den Vortrag Maria Montessoris über *Die Bedeutung der Erziehung für die Verwirklichung des Friedens*, den sie im Jahre 1936 an der Internationalen Schule in Amersfoort gehalten hat. Dieser Vortrag wurde abgedruckt in: Frieden und Erziehung, S. 49 (Hervorhebung im Original).

lage. Selbst der politische Internationalismus wird innerhalb der staatstheoretischen Deutung Montessoris zur gefährlichen, die Einheit der Menschheit bedrohenden Ideologie, der bei dem Versuch, die Fehler des Nationalismus zu beheben, seinerseits das Maß überschritten hat, sodass beide politischen Bewegungen als gefährliche, die soziale Evolution bedrohende Krankheiten erscheinen. »Die Wahl zwischen beiden wäre, als müsste man zwischen der Pest und der Cholera wählen. Wenn die Pest die Cholera besiegen könnte, oder umgekehrt, wäre zweifellos die beste Wahl die der Gesundheit.«[175]

Neben dem Internationalismus und dem Nationalismus sieht Montessori im »Minderwertigkeitskomplex« und in periodisch auftretenden »Kreislaufstörungen« weitere Symptome einer schweren Erkrankung des sozialen Organismus. Während das Problem des Minderwertigkeitskomplexes auf die »alte« autoritäre und repressive Erziehung verweist, die das Individuum an der vollkommenen Entfaltung seiner Möglichkeiten hindert und damit in einem Stadium der Minderwertigkeit festhält, lassen die Kreislaufstörungen eine völlig unzureichende wirtschaftliche und politische Differenzierung und Strukturierung des Gesamtorganismus erkennen. Die Gesundung bzw. Normalisierung der Gesellschaft kann nur durch eine die einzelnen Individuen in den Blick nehmende Erziehungstherapie herbeigeführt werden, die nicht nur die intellektuelle, sondern in besonderem Maße auch die soziale Heilung und Formung des Menschen in den Blick nimmt. Neben die wissenschaftliche Erforschung und systematische Förderung der individuellen Entwicklung tritt eine konsequent betriebene soziale Erziehung im Sinne einer Orientierung auf ein gemeinsames kosmisches Ziel der gesamten Menschheit.

Wie Auguste Comte erkennt auch Montessori in dem Verlust der geistigen Einheit einen wesentlichen Grund für die Krise der modernen Gesellschaft. Die Menschen ähneln, mit einem Bild Montessoris, Sandkörnern in der Wüste, die nur lose übereinander ge-

---

175 Frieden und Erziehung, S. 105.

häuft und völlig voneinander isoliert existieren. Die zunehmende soziale Isolation und Entfremdung des Menschen als Resultat eines Zustandes der »geistigen Zerrüttung« soll durch das Einschwören auf ein kollektives Ziel und auf eine gemeinsame kosmische Weltanschauung behoben werden. Die soziale Erziehung des Kindes weitet sich somit zu einer kosmischen Erziehung, die sich selbst als weltverändernde Kraft und als »pädagogische Revolution«[176] versteht, nach der es keine politischen Revolutionen mehr zu geben braucht, da durch sie die Ideen der Gerechtigkeit und Solidarität vollkommen verwirklicht wurden.

Die Notwendigkeit einer grundlegenden sozialen Reorganisation der Gesellschaft auf der normativen Grundlage kosmischer Gesetze wird durch die drohende Vision einer globalen Krise und durch die Prophetie einer kommenden Apokalypse dramatisch heraufbeschworen.

Maria Montessoris Idee einer analog zu den kosmischen Schöpfungsgesetzen organisierten Gesellschaft bindet die individuelle Freiheit an den übergeordneten kosmischen Zweck der Menschheit und relativiert damit zugleich die von ihr geforderte intellektuelle und soziale Emanzipation des Menschen. Innerhalb ihres Konzepts einer vollkommen organisierten und damit geschlossenen Gesellschaft steht die Erziehung unverkennbar im Dienste einer Ideologie. Jürgen Oelkers hat sehr deutlich auf die sich daraus ergebenden Konsequenzen für die Erziehung hingewiesen. Eine solche organologisch gedachte Gesellschaftskonzeption lässt im Grunde keine nennenswerten individuellen Abweichungen und Differenzen zu. Indem ein solches monistisches Konzept weder »kritischer Rationalität, noch autonomen Zwecksetzungen Raum lässt, wird die Erziehung nicht nur total, sondern geradezu diktatorisch«[177].

Oelkers vertritt die These, dass dieses Konzept der Gemeinschaft nicht aus einer vormodernen Kosmologie, sondern vielmehr

---

176 Über die Bildung des Menschen, S. 25.
177 Vgl. hierzu Oelkers, J.: Reformpädagogik. Eine kritische Dogmengeschichte. Weinheim 1989, S. 162f.

aus einer Mischung aus »ästhetischer Anschauung« und »biologischem Modelldenken« entstanden ist, das in der Evolutionstheorie eine wissenschaftliche Fundierung suchte und vermeintlich auch zu finden glaubte. Es sollte, so Oelkers, die Einheit der Weltanschauung entstehen, aber das konnte nur mit einer Ersatzreligion erreicht werden, die Montessori dann auch unter dem Namen einer kosmischen Theorie vorträgt.

Ihre theoretische Konstruktion einer »organisierten Gesellschaft« versucht Montessori zum einen durch die Übertragung embryonaler Entwicklungsschemata auf die Entwicklung der Gesellschaft, zu anderen durch Analogiebildung mit sozialen Strukturen im Tierreich und schließlich durch die Beobachtung spontanen Sozialverhaltens bei Kindern auf eine vermeintlich positive Grundlage zu stellen. Insofern sowohl die Tiere als auch die kleinen Kinder durch die spontane Befolgung innerer Verhaltensdirektiven unbewusst den göttlichen Schöpfungsplan realisieren, können sowohl Kinder als auch Tiere zu »Lehrmeistern« einer gerechten Gesellschaftsordnung werden.

Die Gleichsetzung embryonaler und sozialer Entwicklungsschemata

Anzeichen einer Höherentwicklung sowohl innerhalb der Zellstruktur als auch innerhalb der menschlichen Gesellschaft erkennt Montessori, dabei die biologische und die soziologische Perspektive in eins setzend, in der zunehmenden Organisation und inneren Strukturierung des biologischen und sozialen Organismus. So, wie jede Zelle dem immateriellen Befehl folgend, ihren spezifischen Platz innerhalb des menschlichen Organismus einnimmt, so ist auch jedem individuellen Menschen durch die göttliche Schöpfungsordnung sein Aufgabenfeld innerhalb des sozialen Organismus vorherbestimmt. Die systematisch-didaktische Einstimmung der Jugendlichen auf die kosmische Aufgabe der Menschheit im Allgemeinen und der je individuellen Bestimmung im Besonderen wird durch die kosmische Erziehung geleistet.

In Analogie zu der Feinspezialisierung der Zellen erkennt Montessori in der zunehmenden Differenzierung und Spezialisierung der Arbeit und in der Aufgliederung der sozialen Funktionen ein untrügliches Indiz für die Höherentwicklung von zunächst primitiven Sozialformen bis hin zu den komplexen Strukturen der modernen Gesellschaft. Die Entwicklung der Kultur interpretiert Montessori als die »Geschichte erfolgreicher Versuche«, die Produktionsprozesse mehr und mehr zu organisieren. Nach diesem Modell gründet die individuelle Verschiedenheit und Eigentümlichkeit der Menschen – analog den Funktionen der einzelnen Organe des menschlichen Körpers – in ihren unterschiedlichen Tätigkeiten und Funktionen, die sie für den sozialen Gesamtorganismus erfüllen.

Die Einheit unter den Organen wird im Verlauf der embryonalen Entwicklung durch das Kreislauf- und das Nervensystem hergestellt und aufrechterhalten, die sich als »umfassendste Organe« ausschließlich der Aufgabe widmen, das reibungslose Zusammenwirken und damit die Funktionalität des Organismus zu sichern. Das Kreislaufsystem gewährleistet durch die geregelte Zufuhr von Nahrung die konstante Arbeitsleistung der einzelnen Zellen und übt durch die hormonelle Steuerung zugleich eine stimulierende und kontrollierende Funktion aus.

Der Funktion des Kreislaufsystems entspricht innerhalb des sozialen Organismus die freie Marktwirtschaft und der international ausgeweitete Handel, durch den die Produktionsgüter der einzelnen Nationen in Umlauf gebracht und weltweit zugänglich gemacht werden. Die Herausbildung eines weltweiten Handels übt dabei gleichzeitig eine ordnende und strukturierende Funktion aus. Die gezielten Versuche der großen Wirtschaftsmächte, »den Kreislauf zu kontrollieren, anzuregen und zu ermutigen und die Aufgaben aller Nationen zu steuern«, vergleicht Montessori mit der regulierenden Funktion der Hormone im Bereich der Organphysiologie.[178] Die offensichtlichen Mängel des globalen Wirtschaftskreislaufs lassen erkennen, dass die Menschheit

178 Das kreative Kind, S. 40.

trotz ihres bereits erreichten hohen Organisationsniveaus eine embryonale Entwicklungsphase bezüglich ihrer sozialen, ökonomischen und politischen Organisation noch lange nicht überwunden hat.

Dem Kreislaufsystem neben- bzw. übergeordnet, dient das Nervensystem der Sicherung einer funktionalen Einheit, indem es seine Befehle von einer zentralen Stelle im Gehirn aus erteilt und über Nervenfäden an alle individuellen Elemente des gesamten Organismus weiterleitet.

Die Tatsache, dass die menschliche Gesellschaftsordnung, verglichen mit dem Organisationsgrad innerhalb des biologischen Organismus, auf einer derart primitiven Stufe verharrt, führt Montessori darauf zurück, dass sich in der menschlichen Gesellschaft bislang noch keine starke Führungsmacht herausbilden konnte, die den hoch spezialisierten Zellen des Nervensystems als »Kommandoorgan des menschlichen Organismus« entspricht.

»Durch das Fehlen dieser speziellen Funktion ist nichts vorhanden, was die gesamte Gesellschaft von einer zentralen Stelle aus harmonisch lenken könnte.«[179] Diese leitende Funktion erfordert einen hohen Grad an Spezialisierung und Anpassung an die zu leistende Tätigkeit und von daher einen Führer, der seiner anspruchsvollen Aufgabe gewachsen ist. Vor dem Hintergrund dieser embryologischen Gesellschaftsdeutung erscheint die Demokratie, wenngleich die »entwickeltste Organisationsform unserer Zeit«, als denkbar schlechte Staatsform, denn, so Montessori, »wenn jede Zelle spezialisiert sein muss, dann muss umso mehr die sein, die die Funktion des Ganzen leitet; es kann also nicht darum gehen, gewählt zu werden, sondern tauglich zu sein«[180].

Im biologischen Organismus geht es nicht um freie Wahl und politische Mitbestimmung, sondern um absoluten Gehorsam und Disziplin gegenüber einer zentralen Führungsmacht. Nicht eine demokratische, auf die Urteilskraft und politische Mündigkeit der Bürger bauende Staatsform, sondern eine straffe, absoluten Gehor-

179 Ebd.
180 A.a.O., S. 41.

sam fordernde und Disziplin garantierende politische Führung ist erforderlich, damit auch die menschliche Gesellschaft den gleichen Integrationsstand wie die Natur zu erreichen vermag. Die Frage, wie die Selektion und Spezialisierung eines solchen politischen »Führers« erfolgen soll, bleibt von Montessori unbeantwortet. Es findet sich jedoch in ihrem Buch *Das Kind in der Familie* eine Stelle, in der sie, ihrem allgemeinen Denkschema folgend, die Eignung zum Führer mit dem Zustand vollkommener Normalität identifiziert:

> *»Diesen Zustand der völligen Sammlung treffen wir bei bedeutenden Menschen und auch da nur ausnahmsweise. Sie ist die Quelle innerer Festigkeit. Aus ihr entspringt die Fähigkeit der Großen, die Massen mit besonnener Ruhe und unendlicher Güte zu beeinflussen. Das sind die Menschen, die nach längerer Absonderung von der Welt sich im Stande fühlen, die großen Fragen der Menschheit zu lösen, und die zugleich mit unendlicher Geduld die Schwächen und Unzulänglichkeiten ihrer Mitmenschen ertragen, selbst wenn sie auf Hass und Verfolgung stoßen.«*[181]

Die einzelnen Individuen der Gesellschaft werden von Montessori mit den Muskeln verglichen, die sich als »fügsame Diener« durch eine spezielle Tätigkeit »üben«, »um für jedes Kommando, das ihnen erteilt wird, vorbereitet zu sein«.

> *»Und selbst beim bestorganisierten Heer werden wir nie einen Gehorsam finden, der dem der Muskeln gleichkommt, die ohne Verzögerung die Befehle eines einzigen Kommandanten ausführen.«*[182]

In ihrem Buch *Die Entdeckung des Kindes* vergleicht Montessori die Gesellschaft mit einem Orchester, dessen gemeinsame musikalische Bemühungen nur dann eine »edle Harmonie« erreichen, wenn sich jeder einzelne Künstler zuvor durch Übung bis zur Vollkommen-

---

181 Das Kind in der Familie, S. 55f.
182 Das kreative Kind, S. 40f.

heit gesteigert hat. Erst dann eignet er sich dazu, »der schweigsamen Führung des Taktstockes des Dirigenten zu gehorchen (...) So ist es in der Gesellschaft: die disziplinertesten Menschen sind die vollkommensten.«[183]

Montessoris Überlegungen spitzen sich auf die eine Frage zu: Wie lässt sich die funktionale Übereinstimmung der Individuen durch soziale Integration methodisch so weit vorantreiben, dass die Menschheit als *eine* organisierte Energie in Erscheinung tritt und den gleichen Organisations- und Integrationsgrad der Natur erreicht? Die Beantwortung dieser Frage steht im Mittelpunkt von Montessoris Gedanken zur kosmischen Erziehung: Disziplin und Ordnung, vollkommene soziale Integration, Koordinierung der individuellen Leistungen und die Orientierung des Bewusstseins auf die kollektive Mission der Menschheit charakterisieren die vollkommene Gesellschaftsordnung, die maßgeblich durch die neue Erziehung und das durch sie hervorgebrachte neue Kind entstehen soll.

Innerhalb dieses antidemokratischen und antiaufklärerischen Gesellschaftskonzepts Montessoris verkommt die soziale Erziehung zu einer reinen Sozialtechnologie, die durch das subtile Arrangement sozialer Lernsituationen all jene sozialen Verhaltensweisen im Kind hervorbringen will, die der Stabilisierung dieser neuen Gesellschaftsordnung dienen. Das durch Arbeit normalisierte Kind wird von Montessori stereotyp als das gehorsame, unauffällige, diszipliniert arbeitende und soziale Kind charakterisiert. Alle von diesem Idealtyp abweichenden Verhaltensmuster werden als kindliche Deviationen abgestempelt und einer entsprechenden therapeutischen Behandlung unterzogen. Die Gesellschaft selbst teilt sich in zwei deutlich voneinander unterschiedene Klassen: Auf der einen Seite stehen die großen Führer der Menschheit als Sozialingenieure, die an der weiteren Strukturierung des sozialen Organismus arbeiten. Ihnen gegenüber steht die Masse der gehorsam und diszipliniert arbeitenden Individuen, die sich als perfekt funktionierende Teile dem Gesamtorganismus einpassen.

183 Die Entdeckung des Kindes, S. 127.

Die soziale Reorganisation der Gesellschaft auf der Grundlage der göttlichen Schöpfungsordnung bildet die im göttlichen Plan verankerte »mystische Aufgabe« des Menschen, die ihr letztes Ziel in der Widerspiegelung der kosmischen Ordnung in den Kulturleistungen des Menschen findet.

Die Erfüllung seiner kosmischen Mission kann der Mensch nur leisten, wenn er sein Subjektsein aufgibt und sich zum willenlosen Werkzeug »von etwas Großem und Erhabenem« macht und sich damit nicht in den Dienst seiner individuellen Interessen, sondern in den altruistischen Dienst an der Menschheit stellt.

Die Begründung einer »Ethik« des Altruismus aus der Biologie

Das Verhältnis von Individuum und Gesellschaft, von individueller Zwecksetzung und kollektiver kosmischer Mission versucht Montessori durch einen erneuten Rückgriff auf die Biologie, näherhin durch die Gegenüberstellung von primitiven und höher entwickelten Tierarten, zu erhellen. Im Gegensatz zu den Kolonien primitiver Tierarten bilden die Ameisen im Verständnis Montessoris bereits eine wirkliche Gesellschaft, da sie nicht nur eine Anhäufung, sondern durch die Aufteilung der Arbeit und der sozialen Funktionen eine »wirkliche Vereinigung unabhängiger und freier Individuen bilden«[184]. Das Sozialverhalten der Tiere erlangt in zweierlei Hinsicht Vorbildcharakter für die soziale Organisation des Menschen. Zum einen sieht Montessori im Ameisenstaat die Idee des Altruismus auf vollkommene Weise verwirklicht, da jedes individuelle Tier sich ausschließlich dem Zweck der Gemeinschaft und dem Überleben des Kollektivs unterordnet. Zum anderen werden die Tiere nicht nur durch den Instinkt der Selbsterhaltung, sondern auch durch den überaus starken Instinkt der Arterhaltung in ihrem Verhalten bestimmt. Diese beiden Instinkte bezeichnet Montessori als kosmische Leitinstinkte, »an die das Dasein in sei-

184 Frieden und Erziehung, S. 53f.

ner großen kosmischen Funktion gebunden ist (…) Man könnte, wollte man mit dem Vergleich fortfahren, die Leitinstinkte jenen göttlichen Gedanken gleichsetzen, die im Innersten der lebendigen Wesen sich bilden und diese dazu bringen, auf die äußere Welt einzuwirken und sie zu verwirklichen.«[185]

Der im kosmischen Schöpfungsplan verankerte Leitinstinkt äußert sich am deutlichsten im Mutterinstinkt, der den Schutz und die Pflege der Nachkommen sichert, solange das neugeborene Tier weder über die notwendige Kraft und Widerstandsfähigkeit noch über die biologischen Waffen verfügt, um den Kampf ums Dasein zu beginnen. Dieser Instinkt der Arterhaltung prägt das Verhalten aller Lebewesen und fordert die Subsumierung aller übrigen Instinkte eines erwachsenen Tieres unter diesen einen, für das Fortbestehen der Art entscheidenden Impuls. Einem inneren Befehl gehorchend, entwickeln die Tiere nicht nur eine konstruktive Tätigkeit des Nestbaus, sondern ändern ihre Verhaltensweisen nahezu vollständig, um ihrem Nachwuchs Schutz und Entwicklungsmöglichkeiten zu bieten. In dieser Atmosphäre der Geborgenheit erlangen die jungen Tiere auf Grund festgelegter Instinkte in sensiblen Phasen eine zunehmende Orientierung in ihrer Umwelt und beginnen artspezifische Verhaltensmuster auszubilden. Das erwachsene Tier darf bei diesem »Wunder der Schöpfung« lediglich Mitwirkender sein. Bei allen höher entwickelten Tierarten wirken die Leitinstinkte der beiden Generationen so harmonisch zusammen, dass aus diesem »Zusammentreffen der mütterlichen Leitinstinkte mit den sensiblen Perioden des Neugeborenen« eine bewusste Liebe zwischen Eltern und Kindern entsteht, »die sich über die gesamte organisierte Gesellschaft hin ausdehnen und der neugeborenen Nachkommenschaft eines ganzen Volkes gegenüber wirksam werden« kann, wie es etwa in den Insektenstaaten, bei den Bienen und Ameisen zu beobachten ist. Liebe und Opfersinn sind für Montessori also keine sittlichen Tugenden und Formen der personalen Zuwendung, sondern lediglich die biologischen Resultate dieses na-

185 Kinder sind anders, S. 203.

türlichen Leitinstinktes der Arterhaltung, dessen »Wurzeln in die wunderbare Werkstätte der Schöpfung führen«.[186]

Allein der Mensch, der in sich alle natürlichen Phänomene in einer »höheren Synthese« vereinen sollte, scheint diesen starken Instinkt der Arterhaltung auf Grund seines übersteigerten Egoismus vollständig verloren zu haben. Die menschliche Gesellschaft zeigt sich als eine Arena widerstreitender Interessen, in der sich die produktive Kraft des Menschen im Konkurrenzkampf erschöpft. Erwerb und Produktion bestimmen das soziale Zusammenleben der Menschen, in dem das Kind als unliebsamer Störfaktor und als unproduktives Wesen erscheint. Der Erwachsene beurteilt das Kind nach der gleichen ökonomischen Logik, die er auf sein eigenes Leben anwendet, und verkennt dadurch völlig die Eigentümlichkeit des Kindes. Indem er es versäumt, der andersartigen Existenzform des Kindes eine angemessene Entwicklungsumwelt zu schaffen, fällt er in seinem Verhalten unter das der Tiere zurück.

»Er, der Mensch, der Baumeister, der Schöpfer, der Verwandler der Umwelt, tut für sein Kind weniger als die Biene, weniger als ein Insekt, weniger als irgendein anderes Geschöpf.«

Er steht untätig und blind dem »grundlegendsten Problem allen Lebens« gegenüber, dem Fortbestand der Art.

Im Gegensatz zum Tier scheint dem Menschen jenes feine »innerliche Empfindungsvermögen« für die Ordnung der Schöpfung verloren gegangen zu sein, das ihn zur Selbstentäußerung und Selbstaufopferung zu Gunsten seiner Kinder veranlassen könnte.

Dem Übel einer immer weiter um sich greifenden »Anomalisierung der menschlichen Seele« kann nur dadurch entgegengewirkt werden, dass nicht nur das Kind, sondern auch der Erwachsene in seinem Verhalten normalisiert und damit an die Wirksamkeit kosmischer Instinkte rückgebunden wird. Durch diese Normalisierung wird sich, so die Hoffnung Montessoris, nicht nur die wahre Natur des Menschen, sondern auch eine neue »natürliche« Gesellschaftsordnung und eine »vollkommenere Zivilisation« zeigen.

---

186 Kinder sind anders, S. 207.

Immer stärker fokussiert Montessori ihre soziale Heilserwartung auf das normalisierte Kind, dessen normale oder deviate Entwicklung geradezu als »schicksalhaft für unser Zukunftsleben« angesehen werden muss.[187]

Das spontane Sozialverhalten der Kinder

Das durch konzentriertes Arbeiten normalisierte Kind wird hinsichtlich einer grundlegenden Reorganisation der Gesellschaft und hinsichtlich der Lösung sozialer und politischer Probleme zum uneingeschränkten Hoffnungsträger der Menschheit, denn durch die normalisierten Kinder zeigt sich eine bessere Ordnung des Lebens und Wesen, die im Stande sind, demgemäss zu leben.« Die inneren schöpferischen Energien, die das Kind zu spontanen sozialen Verhaltensweisen veranlassen, interpretiert Montessori als »göttliche Mittel zur Menschheitsbildung«[188], die allein in der Lage sind, die Gesellschaft auf ein im göttlichen Schöpfungsplan vorgesehenes höheres Niveau zu heben. Die soziale Erziehung des Kindes fügt sich zumindest theoretisch nahtlos in den größeren Rahmen der Normalisierung des Kindes: »Unser Ziel ist die Gesundheit der Psyche; und mit dieser Gesundheit entsteht in jedem Kind soziale Haltung.«[189]

Im normalisierten Kind entstehen wie von selbst »innere Ordnung« und »spontane Disziplin«, die sich nach außen nicht nur in einem Zustand der »Ruhe und Heiterkeit« zeigen, sondern im Kind eine innere Freude hervorrufen, die der Mensch verspürt, wann immer er »den Gesetzen der Natur vollkommen gehorcht«[190]. Die Kinder gelangen, so Montessori, über die ihnen gewährte Entwicklungsfreiheit und nicht über eine besondere Methode der sozialen

---

187 A.a.O., S. 211.
188 Grundlagen meiner Pädagogik, S. 17.
189 Über die Bildung des Menschen, S. 16.
190 Kinder sind anders, S. 207.

und moralischen Erziehung zu einer natürlichen Disziplin und zu bewundernswerten Formen sozialen Verhaltens.

Die zentrale Frage, die sich aus dieser Ineinssetzung von kindlicher Normalisation und Entwicklung sozialen Verhaltens zwangsläufig stellt, hat Waltraud Harth-Peter in prägnanter Weise folgendermaßen formuliert: Können Disziplin und Ordnung tatsächlich als »unbedingte Notwendigkeit des geheimnisvollen immanenten Bauplanes des Kindes« und als »wesentlicher biologischer Teil der menschlichen Entwicklung« angesehen werden oder versteckt sich nicht vielmehr hinter der Pädagogik Montessoris als vermeintlich exakter wissenschaftlicher Forschung doch »eine heimliche Norm«, die Disziplin, Ordnung und Gehorsam als klar formulierte Ziele der Erziehung setzt?[191] Wenn dem so ist, dann ruhen konsequenterweise Montessoris Vorstellungen vom Kind weit mehr auf theoretischen Konstruktionen als auf reiner Beobachtung und Deutung kindlichen Verhaltens. Diese These wird von Maria Montessori selbst in eindeutiger Weise bestätigt: »Es wäre ein großer Irrtum anzunehmen, die mögliche Beobachtung von Kindern hätte uns zu der kühnen Idee geführt, im Kinde eine geheime Natur zu vermuten, und aus dieser Intuition sei dann der Gedanke einer neuen Schule und Erziehungsmethode hervorgewachsen. Unbekanntes lässt sich nicht beobachten. Unmöglich konnte jemand aus einer unklaren Ahnung heraus auf den Gedanken kommen, das Kind habe zwei Naturen, und sagen: Jetzt will ich versuchen, das auch experimentell zu beweisen.«[192]

Winfried Böhm kommt daher zu dem Ergebnis, dass sich Montessoris wissenschaftliche Pädagogik weit weniger auf die exakte wissenschaftliche Erforschung des individuellen Kindes, sondern vielmehr auf eine spekulative Anthropologie gründet[193], die ein-

191 Vgl. hierzu Harth-Peter, W.: Das Prinzip Freiheit in der Pädagogik Maria Montessoris. In: Vierteljahrsschrift für wissenschaftliche Pädagogik 1996, Heft 1, S. 96–104.

192 Kinder sind anders, S. 117f.

193 Vgl. hierzu Böhm, W.: Die Montessori-Philosophie und ihre erziehungspraktische Relevanz. In: Röhrs, H. (Hrsg.): Die Schulen der Reformpädagogik heute. Düsseldorf 1986, S. 130.

deutige normative Vorstellungen über das Kind formuliert und der Erziehung zur Realisierung aufgibt.

Solange Montessori auf der Grundlage ihrer spekulativen Anthropologie argumentiert, vertraut sie völlig auf die normalisierende Kraft in der göttlichen Natur des Kindes, die im Kind wie von selbst alle jene Verhaltensweisen entstehen lässt, die Montessori als wünschenswert festlegt. Die Entfaltung eines sozialen Charakters ist für Montessori nicht das Ergebnis der Erziehung, sondern gehört zu der »umfassenden Führung des Universums (...) Es ist ein Element der Schöpfung und nicht der Erziehung«. In ihrer Vision des normalisierten Kindes gipfelt für Montessori jede Form erzieherischer Aktivität, also auch ihr sozialerzieherisches Bemühen.[194]

Hinter dem keineswegs empirisch begründbaren, sondern lediglich spekulativ zu formulierenden pädagogischen Prinzip »Disziplin durch Freiheit« verbirgt sich die metaphysische Prämisse, dass Ordnung und Disziplin als kategoriale Bestimmungen der Schöpfung immanent sind und von daher sowohl als »grundlegender Instinkt« des Menschen als auch als »Gesetze der Wirklichkeit« in Erscheinung treten. Durch seine Normalisierung verwirklicht das Kind die kosmische Schöpfungsordnung, die sich nach außen hin in einer geordneten Aktivität und spontanen Disziplin bekundet.

Die von Montessori geforderte Freiheit des Kindes darf von daher nur im Sinne einer Entwicklungsfreiheit des Kindes gedeutet werden, die es dem Kind erlaubt, sich der Führung durch die kosmischen Gesetze zu überantworten. Von daher wird auch die oft missverstandene Aussage Montessoris erklärbar, die Erziehung sei nicht Unterricht, sondern »der Schutz eines Gehorsams gegenüber dem Leben«[195].

---

194 Vgl. hierzu Böhm, W.: Soziale Erziehung in der Montessori-Pädagogik. In: Scheid, P./Weidlich, H. (Hrsg.): Beiträge zur Montessori-Pädagogik. Stuttgart 1977, S. 109–121.

195 Frieden und Erziehung, S. 89.

In einer sich spontan bildenden inneren und äußeren Ordnung der Kinder und einer disziplinierten Arbeitshaltung erkennt Montessori ein Indiz für die sukzessive Annäherung an die universale kosmische Ordnung. Diese Annäherung wiederum bewirkt die kontinuierliche und naturgesetzliche intellektuelle, kulturelle und moralische Höherentwicklung der Menschheit.

> *»Indem man dem Kind dient, dient man dem Leben; indem man die Natur unterstützt, steigt man auf die nächste Stufe der Super-Natur auf. Der ständige Aufstieg ist ein Naturgesetz. Dieses schöne Bauwerk, das sich in die Höhe hebt, wurde von den Kindern erbaut. Die Ordnung ist ein Naturgesetz, und wenn sich die Ordnung spontan bildet, wissen wir, dass wir in die universale Ordnung eintreten.«*[196]

Auf der Ebene der Umsetzung der Montessori-Theorie in die konkrete Erziehungspraxis scheint Montessori selbst der utopische Glaube in die Normalisation des Kindes abhanden gekommen zu sein. In ihrem Buch *Die Entdeckung des Kindes* fordert Montessori die Lehrerin auf, mit unbedingter Strenge all jene Handlungen des Kindes zu verbieten und zu ersticken, »die das Kind nicht tun soll«[197]. Das Ziel der Erziehung besteht darin, so Montessori, das Kind »zur Arbeit, zum Guten zu disziplinieren (…) Ein Saal, in dem sich alle Kinder nützlich, wohl überlegt und aus eigenem Antrieb, ohne die geringste Unart zu begehen, bewegen würden, erschiene mir sehr gut diszipliniert.«[198] Und schließlich folgert Montessori: »Die Kinder können also geordnet werden, indem man ihnen ihren Platz in einer Ordnung anweist. Ihnen diesen Gedanken so verständlich zu machen, dass sie das Prinzip einer Gemeinschaftsordnung lernen und assimilieren, darauf kommt es an.« Es gibt also für Montessori durchaus »Gebrechen moralischer Art«, die in einem Maße gegen die Regeln des sozialen Zusammenlebens

196 Das kreative Kind, S. 258.
197 Die Entdeckung des Kindes, S. 62.
198 A.a.O.

verstoßen, dass sie ein entschiedenes Eingreifen durch die Erziehung rechtfertigen.[199]

Laut dieser konkreten Erziehungsanweisungen Maria Montessoris entstehen Disziplin und Ordnung keineswegs automatisch im normalisierten Kind, sondern werden dem Kind durch eine disziplinierende und moralisierende Erziehung von außen diktiert. Aus dieser Perspektive heraus verschiebt sich die Bedeutung des Phänomens kindlicher Normalisation, die nun nicht länger nur als Resultat eines immanenten Selbstorganisationsprozesses im Kind, sondern vielmehr auch als Resultat einer gelungenen Sozialerziehung angesehen werden muss.

Hinsichtlich seiner sozialen Entwicklung durchläuft das Kind nach Montessori vier embryonale Phasen, in denen es auf Grund innerer Sensitivitäten unterschiedliche Formen des sozialen Zusammenlebens ausbildet, für die es eines jeweils entsprechenden Erfahrungsraumes für sein soziales Lernen bedarf.

Assimilation als grundlegende Form der sozialen Integration

Der erste und grundlegende Schritt in Richtung auf die soziale Integration erfolgt in der frühen Kindheit, in der das Kind die charakteristischen kohäsiven Merkmale seines soziokulturellen Umfeldes zunächst »absorbiert« und in der »Mneme«, einer Art unbewussten Gedächtnisform, speichert.

Da der Mensch im Gegensatz zum Tier auf Grund seiner »biologischen Neutralität« über keinerlei erblich fixierte Verhaltensmuster verfügt, erlangen diese ersten prägenden Eindrücke für die Ausformung seines individuellen Verhaltens und dessen Übereinstimmung mit den sozialen, kulturellen, moralischen und religiösen Spezifika der jeweiligen Gesellschaft zentrale Bedeutung. Diese vom Kind geleistete vollkommene Assimilation an sein soziales Umfeld ermöglichen ihm seine spätere aktive und gestaltende Teil-

199 Über die Bildung des Menschen, S. 51.

nahme an der Gesellschaft und garantieren die fortlaufende Tradierung der Kultur an die nächste Generation.

> *»Das Kind absorbiert kraft seiner besonderen Psyche die Sitten und Gebräuche des Landes, in dem es lebt, damit sich das typische Individuum seiner Rasse bildet.«*[200]

Kulturelle, religiöse und soziale Besonderheiten des Menschen und nationale Eigenheiten, die über die Sprache und die besondere Mentalität hinaus auch bestimmte Werteinstellungen beinhalten, werden in dieser Phase des absorbierenden Geistes »erworben« und sind von daher über die Gestaltung der sozialen Umwelt des Kindes einer Beeinflussung zugänglich.

Die Funktion der Kindheit in der Ontogenese des Menschen besteht in dieser sozialen Anpassung des Individuums an sein soziales Umfeld, indem es zunächst ein »Modell des Verhaltens« auch und gerade im Hinblick auf soziale Verhaltensmuster erwirbt, um später unabhängig in der Gesellschaft handeln zu können.

Die in dieser frühen Entwicklungsphase des Kindes erworbenen Eindrücke hinterlassen prägende und irreversible Spuren im Unterbewussten des Kindes und üben einen entscheidenden Einfluss auf die Herausbildung eines individuellen Charakters aus. In dieser Phase seiner Entwicklung ist das Kind in hohem Maße durch die subtile Gestaltung der Umgebung beeinflussbar und steuerbar:

> *»Die Umgebung ist das Mittel, mit dem wir den großen Einfluss auf die Kinder ausüben können; denn das Kind absorbiert die Umgebung, nimmt alles aus der Umgebung und inkarniert es. Mit seinen unendlichen Möglichkeiten kann es die Menschheit umgestalten, so wie es sie auch schafft.«*[201]

In dieser entscheidenden Phase der frühkindlichen Entwicklung liegt für Montessori der Grund für die Hoffnung auf eine Verbes-

---

200 Das kreative Kind, S. 58f.
201 A.a.O., S. 61.

serung und Höherentwicklung der Menschheit und der Schlüssel
für die Realisierung ihrer kosmischen Heilserwartung. Die nahezu
unbegrenzte Beeinflussbarkeit der Kinder gerade in Richtung auf
bestimmte Ideale und Ideologien und damit auch im Hinblick auf
eine kosmische Weltsicht lässt gerade in dieser Entwicklungsphase
die Notwendigkeit einer systematischen Erziehung im Sinne der
indirekten Gestaltung einer vorbereiteten Umgebung erkennen.

Montessori lässt daran keinen Zweifel, wenn sie sagt: »Die
Kindheit ist eine äußerst wichtige Periode, denn will man neuen
Ideen zum Durchbruch verhelfen, die Gebräuche und Sitten eines
Landes ändern oder verbessern, die Charakteristika eines Volkes
stärker betonen, müssen wir uns des Kindes bedienen (…) Um auf
die Gesellschaft Einfluss zu nehmen, muss man sich notwendiger-
weise der Kindheit zuwenden. Dieser Wahrheit entspringt die Notwendigkeit, Schulen für Kinder zu bauen, denn die Kinder bauen
die Menschheit mit den Elementen, die wir ihnen zur Verfügung
stellen, auf.«[202]

Dieses große soziale Anpassungsvermögen des Kindes ermöglicht nicht nur den rasanten kulturellen und technischen Fortschritt des Menschen im Vergleich zum Tier, sondern dient Montessori darüber hinaus als einschlägiger Beweis »für die Einheit des
Menschengeschlechts«. Die vollkommene, im kosmischen Schöpfungsplan verankerte soziale Integration der Individuen ist realisierbar, wenn wir für *alle* Kinder eine homogene und nach wissenschaftlichen Kriterien erforschte pädagogische Umgebung gestalten, in der die Kinder die entsprechende »geistige Nahrung« für ihre soziale und moralische Entwicklung finden.

Die von Montessori mit Nachdruck an den Erwachsenen ge-
richtete Forderung, sich nicht zum Schöpfer des Kindes zu erheben
und sich jeglicher normativer Zielvorgaben bezüglich der kindlichen Entwicklung zu enthalten, erfährt an dieser Stelle eine radikale Relativierung. Montessori selbst trifft hier eine ganz klare normative Aussage nicht nur hinsichtlich der Entwicklung des individuellen Kindes, sondern auch im Hinblick auf die Entwicklung des

202 A.a.O., S. 61.

gesamten Menschengeschlechts, dessen Teleologie auch das Kind in seiner Entfaltung unterstellt wird. Der Versuch, ihre kosmische Interpretation von Mensch und Welt als göttlichen Schöpfungsplan zu legitimieren, rückt Montessoris Ansatz einer theoretischen Grundlegung der Erziehung stark in einen esoterischen Bereich und entzieht sie der Möglichkeit einer nach wissenschaftlichen Kriterien geführten Auseinandersetzung.

Gesellschaftsbildung durch Kohäsion

Rudimentäre Formen eines bewussten sozialen Verhaltens zeigen die Kinder im Alter zwischen drei und sechs Jahren. Montessori bezeichnet das Kind in dieser Entwicklungsphase als »sozialen Embryo«, der nun spontan Beziehungen zu anderen Kindern aufbaut und erste soziale Wertungen vornimmt. Diesen ersten Schritt in Richtung auf die Herausbildung eines sozialen Bewusstseins nennt Montessori analog zu den Gesellschaftsformen primitiver Völker »Familien- oder Stammesgeist« und meint damit eine Stufe des sozialen Bewusstseins, auf der »das Individuum in der Liebe, der Verteidigung und der Achtung der Werte der eigenen Gruppe den Sinn der individuellen Aktivität erblickt«[203]. In dieser Phase beginnen die Kinder, sich zunehmend als Gruppe zu fühlen und als solche auch zu handeln. Obwohl die Kinder als unabhängige Individuen dieser Gruppe angehören, scheinen sie doch, so die Beobachtungen Montessoris, durch einen gleichen inneren Impuls bewegt. Diese Form eines spontanen sozialen Zusammenschlusses der Kinder, »die sich aus einem spontanen Bedürfnis gebildet hat, geleitet durch eine innere Kraft und angeregt durch einen sozialen Geist«, fasst Montessori als »Gesellschaft durch Kohäsion«. Diese erste und gleichsam fundamentale Stufe eines bewussten kindlichen Sozialverhaltens bildet sich nach der Deutung Montessoris aufgrund einer natürlichen sozialen Veranlagung des Kindes und bedarf keines direkten Eingreifens von Seiten der Erzieher. In der gleichen

203 Das kreative Kind, S. 209.

Weise, in der die Natur für den individuellen inneren Aufbau der kindlichen Personalität ein »Schema« erstellt, das das Kind durch seine aktive Auseinandersetzung mit seiner Umwelt verwirklicht, legt sie auch für den Aufbau der menschlichen Gesellschaft ein solches Schema vor, das durch das spontane kindliche Sozialverhalten die Prinzipien einer konstruktiven Gesellschaftsform erkennen lässt.

Als erstes Prinzip ihrer neuen Gesellschaftsordnung nennt Montessori den »Gemeinschaftsgeist«, den sie im Anschluss an den amerikanischen Pädagogen Carleton Washburne als vollkommene »soziale Integration« bezeichnet.[204]

Die gezielte Förderung der sozialen Integration durch die Identifizierung des Individuums mit den Werten und Normen der Gruppe in der dafür sensiblen sozialen Embryonalphase sowie die Erhaltung dieses sozialen Bewusstseins durch die weiteren Entwicklungsstufen hindurch muss daher die Basis für die gesamte Erziehung in Kinderhaus und Schule bilden.

> »Das Beispiel einer Gesellschaft, in der die soziale Integration besteht, ist die Gesellschaft der kleinen Kinder, die von den geheimnisvollen Kräften der Natur geleitet sind (…). Die Kohäsionsgesellschaft ist (…) die fast göttliche und geheimnisvolle Schöpfung eines sozialen Embryos.«[205]

Die sich zunehmend komplexer gestaltende moderne Gesellschaft kann in dem reinen Naturzustand einer Kohäsionsgesellschaft nicht verbleiben, sondern bedarf zu seiner Aufrechterhaltung einer wissenschaftlich aufgeklärten politischen und wirtschaftlichen Organisation. Dennoch bildet diese natürliche »Kraft der Kohäsion« gegenüber den politischen und wirtschaftlichen Mechanismen das grundlegende Konstruktionsprinzip der neuen Gesellschaft. Die weltweit zu verzeichnenden nationalen Krisen versucht Montessori

204 Montessori bezieht sich hier in erster Linie auf das Werk von Washburne: Living Philosophy of Education. New York.
205 Das kreative Kind, S. 211.

unter anderem damit zu erklären, dass den einzelnen Staaten diese verbindende Kohäsionskraft zunehmend verloren zu gehen scheint.

Gesellschaft im Sinne einer bewusst organisierten Vereinigung

Etwa mit dem 6. Lebensjahr vollzieht sich in der sozialen Entwicklung des Kindes der Übergang vom »sozialen Embryo« zum »sozialen Neugeborenen« und damit der Schritt in Richtung auf eine neue soziale Lebensform, die Montessori als eine »bewusst organisierte Gesellschaft« bezeichnet. Die Entwicklungsphase von 6 bis 12 Jahren sieht Montessori durch eine starke soziale und moralische Sensibilität charakterisiert, die die Kinder dazu veranlasst, sich ganz bewusst mit den Werten, Normen und Gesetzen auseinander zu setzen. War es zunächst der Gemeinschaftsgeist, der die Kinder miteinander verband, so ist es nun der »Herdentrieb«, der die Kinder sozial aktiv werden lässt. Sie organisieren sich nun zu Banden und Gruppen und wählen sich bewusst einen Führer, dem sie bedingungslos folgen. Der Gehorsam gegenüber dem Anführer und gegenüber den idealen Zwecksetzungen und Regeln der Gruppe bildet das »Bindegewebe« dieser neuen Gesellschaftsform, die, so die Interpretation Montessoris, einem »wirklichen sozialen Entwicklungsbedürfnis« entspricht und damit in der Natur der Kinder und Jugendlichen begründet ist.

> »Dieser Herdentrieb ist etwas anderes als die Kohäsionskraft, welche die Basis für die Gesellschaft der Kleinkinder war. Die darauf folgenden Gesellschaftsformen, die sich weiterentwickeln, bis sie das Niveau der Gesellschaft der Erwachsenen erreichen, sind bewusst organisiert und brauchen von einem Menschen aufgestellte Regeln wie auch einen Anführer, der sich Respekt verschafft.«[206]

206 Das kreative Kind, S. 212.

Montessori begrüßt in diesem Zusammenhang die Bewegung der Pfadfinder als einen gelungenen Versuch, die natürlichen Bedürfnisse der Jugendlichen »auf ein höheres Niveau« zu heben, rebellische Verhaltensmuster zu unterdrücken und somit »erwünschte« Verhaltensweisen der Jugendlichen zu fördern.

Neben das Prinzip der Kohäsion tritt nun das der Organisation als neues Moment. Kohäsion und Organisation sind für Montessoris biologisch begründetes Gesellschaftsmodell die beiden dialektisch aufeinander bezogenen Säulen, auf denen das soziale Zusammenleben beruht. Wenngleich die Kohäsion das grundlegende Element und die Basis für die Errichtung der Gesellschaftsordnung darstellt, stützt sich die organisierte Gesellschaft maßgeblich auf eine Regierung, »der alle gehorchen«, und auf Gesetze, die von allen anerkannt werden. »Die letzte Form der menschlichen Gesellschaft gründet sich auf die Organisation.«

Doch selbst die beste Regierung könnte die soziale Integration nicht erfolgreich leisten, wenn sie sich nicht auf eine starke Kohäsionskraft verlassen könnte, welche die Gesellschaft im Innersten zusammenhält und alle Individuen auf ein gemeinsames Ziel hin orientiert.

Montessori nennt als prägnantes Beispiel für eine solche überaus starke Kohäsionskraft die Religionsgemeinschaft des Islam. Über Jahrhunderte hinweg bildeten die Moslems, weniger auf Grund politischer Gesetze als auf Grund gemeinsamer Ideale, eine »gewaltige Einheit«, die sich besonders deutlich bei den regelmäßigen Pilgerreisen nach Mekka zeigte. »Diese Pilger«, so Montessori, »kennen sich nicht untereinander, sie sind weder durch ein privates Interesse noch von einem Ehrgeiz getrieben; es sind Individuen, die auf das gleiche Ziel zustreben. Keiner treibt sie an, keiner befiehlt ihnen, und doch sind sie zu enormen Opfern bereit.«[207]

Eine ähnliche gewaltige Kohäsionskraft entwickelte das Christentum, das im Mittelalter sogar die Einheit der europäischen Nationen hervorzubringen vermochte.

---

207 A.a.O., S. 214.

Die soziale und politische Krise der Nationen sieht Montessori darin begründet, dass sich die Menschen ausschließlich um den bewusst organisierten Teil der Gesellschaft, das heißt um die Sicherung und Stabilisierung des politischen Systems, bemühen und dabei die unentbehrliche Grundlage dieser Organisation, nämlich die einigende Kohäsionskraft eines verbindlichen Ideals völlig aus dem Blick verlieren. Wie sich Montessori die Reorganisation der Gesellschaft durch die Rückgewinnung einer kohäsiven Gesinnungsmacht konkret vorstellt, lässt ihr Hinweis auf die großen faschistischen Führer Mussolini und Hitler erahnen, die es nach Montessori meisterhaft verstanden hätten, die Individuen von frühester Kindheit an in ihrem Sinne zu manipulieren und über Jahre hinweg systematisch auf ein gemeinsames geistiges Ideal hin zu verpflichten. Hierbei handelt es sich, so Montessori, »um ein neues logisches und wissenschaftliches Vorgehen, was immer auch der moralische Wert gewesen sein mag. Diese Führer fühlten, dass sie eine Kohäsionsgesellschaft als Basis für ihre Pläne benötigten, und bereiteten sie von Grund auf vor.«[208]

Die Methode der gezielten Manipulation und Indoktrination der Kinder und Jugendlichen wird von Montessori ausdrücklich als logisches und wissenschaftliches Vorgehen begrüßt, wenngleich sie sich von den politischen Zielen der Diktatoren distanziert.

An die Stelle der politischen Machtbestrebungen Hitlers und Mussolinis setzt Montessori ihre kosmische Vision, die gegenüber den überholten Religionen und politischen Doktrinen als überwältigende Kohäsionskraft die gesamte Menschheit zu vereinen vermag und die Realisierung einer global organisierten Gesellschaft auf der Grundlage »der schöpferischen Anregung der Natur« verspricht. Die von Montessori intentierte Gesinnungsbildung als gezielte Indoktrination der Kinder und Jugendlichen lässt sich jedoch kaum dadurch rechtfertigen, dass man sie unter einen vermeintlich guten Zweck stellt.

Durch das bewusstlose und unkritische Absorbieren kohäsiver Merkmale der Gesellschaft erfolgt bereits die erste Prägung des

---

208 Das kreative Kind, S. 214.

Kindes in Richtung auf das zu erstrebende Ideal. Eine gezielte »kosmische Erziehung« beginnt mit der Schulzeit des Kindes und verfolgt das Ziel, die Schüler über die beiden Schienen eines naturwissenschaftlichen und eines sozialwissenschaftlichen Unterrichts in die kosmische Weltsicht einzuführen, um sich in einem zweiten Schritt sowohl in seinem Denken als auch in seinem Handeln dieser kosmischen Weltsicht zu verpflichten.

Ihren Gedanken einer sozialen »Herstellung« durch manipulative Sozialerziehung erläutert das folgende längere Zitat auf erschreckende Weise:

>»Natürlich muss man bei den Anfängen beginnen und zuerst das weiße Büschel betrachten, das die Baumwollpflanze um ihren Samen bildet. Wollen wir den Aufbau der menschlichen Gesellschaft betrachten, müssen wir ebenfalls beim Kleinkind beginnen und es in seiner familiären Umgebung beobachten, in der es geboren wurde. Sobald die Baumwolle gepflückt ist, wird sie gereinigt, indem man sie von den schwarzen Samen befreit, die an den Büscheln kleben. Die erste Arbeit entspricht unserer Tätigkeit, wenn wir die Kinder aus den Familien bekommen und ihre Fehler korrigieren, ihnen helfen, sich zu konzentrieren und zu normalisieren. Gehen wir zur Arbeit des Spinnens über. Bei unserem Beispiel entspricht das Spinnen der Bildung der Personalität des Kindes, die durch Arbeit und soziale Erfahrung erreicht wird. Das ist die Basis des Ganzen: die Entwicklung der Personalität. Ist der Faden gut gezwirnt und fest, wird auch das Gewebe daraus in gleicher Weise fest sein. Die Qualität des Tuches hängt vom Garn ab. Diese Tatsache muss in erster Linie beachtet werden, denn das Gewebe aus schlechtem Garn hat keinen Wert.
>
>Dann kommt der Moment, wo die Fäden auf den Webstuhl gespannt werden, alle in die gleiche Richtung und durch Häkchen an den Seiten befestigt. Sie laufen alle parallel und sind gleich lang und so getrennt, dass sie sich nicht berühren. Sie bilden den Einschlag eines Stoffes, sind aber nicht der Stoff selbst. Und doch könnte der Stoff ohne den Einschlag nicht gewebt werden. Wenn die Fäden zerreißen oder von der Stelle rücken, weil sie nicht gut

in der gleichen Richtung befestigt waren, kann die Spule sie nicht durchqueren. Dieser Einschlag entspricht der Kohäsion der Gesellschaft. Die Vorbereitung der menschlichen Gesellschaft gründet sich auf die Tätigkeit der Kinder, die, getrieben von den Naturbedürfnissen in einer begrenzten Umgebung, handeln entsprechend unserem Beispiel mit dem Webstuhl. Schließlich sind alle in der Tendenz auf das gleiche Ziel verbunden.

Nun beginnt das eigentliche Weben, wenn die Spule durch die Fäden läuft und sie vereint, indem sie sie durch Querfäden fest an ihren Platz bindet. Dieses Stadium entspricht der organisierten Gesellschaft der Menschen, die sich auf Gesetze stützt und unter der Leitung einer Regierung steht, der alle gehorchen. Wenn wir es mit einem wirklichen Stück Stoff zu tun haben, bleibt dieses ganz, auch wenn wir es vom Webstuhl lösen. Es ist auch unabhängig fähig zu bestehen und kann benützt werden.«[209]

Die aktive Gestaltung gesellschaftlichen Lebens

In Anbetracht der großen Bedeutung der Entwicklungsphase von 12 bis 18 Jahren hinsichtlich der sozialen Integration der Jugendlichen fordert Montessori eine grundlegende, sowohl pädagogisch als auch sozial motivierte Reform der höheren Schulbildung. Der Schule kommt die Aufgabe zu, die soziale Integration der Jugendlichen durch ein entsprechendes Bildungsangebot nicht nur zu fördern, sondern vielmehr zum zentralen Erziehungs- und Bildungsziel zu erheben.

In der Altersstufe von 12 bis 18 Jahren vollzieht sich der graduelle Übergang von der »Mentalität des Kindes, das in der Familie lebt«, zur »Mentalität des Erwachsenen, der in der Gesellschaft lebt«, wobei diese letzte Entwicklungsphase durch zwei dominante Sensibilitäten geprägt ist: Zum einen verlangt der Jugendliche in dieser, von einschneidenden physischen Veränderungen geprägten und äußerst labilen Phase nach Schutz und Geborgenheit, Bestär-

209 A.a.O., S. 213.

kung seines Selbstwertgefühls und Anerkennung seiner Individualität, zum anderen will der Jugendliche seine intellektuelle, moralische und wirtschaftliche Unabhängigkeit erreichen und seinen Platz innerhalb der Gesellschaft finden und einnehmen.

Die neue Schule sollte nach Montessori diese beiden starken Sensibilitäten bei der Erstellung eines neuen Lehrplanes berücksichtigen, um die gezielte und effektive Vorbereitung des Jugendlichen auf seine produktive Teilnahme am sozialen Leben leisten zu können.

Ende der 30er-Jahre stellte Maria Montessori in Vorträgen ihr theoretisches Konzept einer Sekundarstufe unter dem bereits programmatischen deutschen Titel »Erdkinderplan« vor. Erst im Jahre 1966 wurde dieser Erdkinderplan in einer Übersetzung von Karl Neise auch in deutscher Sprache zugänglich.[210]

In diesem Erdkinderplan entwirft Montessori für die Altersstufe von 12 bis 18 Jahren das Modell eines Landerziehungsheimes, im Sinne einer »Erfahrungsschule des sozialen Lebens«, in der die Kinder und Jugendlichen durch die harmonische Verknüpfung von praktischer und intellektueller Arbeit sowie durch ein weit gefächertes polytechnisches Lehrangebot »von den Ursprüngen« her an die Kultur und ihre internen politischen, wirtschaftlichen und sozialen Mechanismen herangeführt werden sollen. Der französische Titel *Ecole experimentale de vie sociale* verweist auf eine weitere wichtige Funktion dieses Landerziehungsheimes, das als »psychologisches Forschungslaboratorium« der experimentellen Erforschung dieser Altersstufe mit ihren spezifischen Sensibilitäten dienen soll.

Getragen wird dieses Konzept eines Landerziehungsheimes durch den Gedanken, dass die Jugendlichen sowohl zu einem wissenschaftlich fundierten Umgang mit der Natur als auch zu einem eigenständigen und vor allem produktiven Handeln in der Gesell-

---

210 Eine erste vollständige Wiedergabe des Erdkinderplanes legte Georgette J.J. Bernard unter dem Titel: *De L'Enfant a L'Adolescent* im Jahre 1948 in Paris vor. Der deutsche Titel dieses Buches lautet *Von der Kindheit zur Jugend*, hrsg. v. Paul Oswald. Freiburg im Breisgau 1966.

schaft befähigt werden sollen. Für Montessori erscheint gerade die »Arbeit mit der Erde« ein hervorragender Weg zu sein, um den Jugendlichen einen fundierten Zugang nicht nur zu den Naturwissenschaften, sondern auch zu den Sozialwissenschaften zu eröffnen, und ihnen darüber hinaus ganz konkret die ökonomische Basis der Wirtschaft und die grundlegenden sozialen Mechanismen der Gesellschaft zu vermitteln. Die von den Schülern weitgehend eigenständig geleistete Leitung eines schuleigenen landwirtschaftlichen Betriebes, eines angeschlossenen Ladens, sowie die Führung und Versorgung eines Hotels für Eltern und Besucher erfordern nicht nur grundlegende theoretische Kenntnisse in Ökologie, Geologie, Marketing, Konzeptionierung, Zeitmanagement und Finanzbuchhaltung, sondern auch ein großes Geschick und Disziplin in der praktischen Durchführung. Das sich daraus zwanglos ergebende Ineinander von theoretischen Studien und praktischer Umsetzung weckt das spontane Interesse der Jugendlichen und führt zu jener Form der konzentrierten Arbeit, die Montessori in das Zentrum ihrer Erziehungskonzeption gestellt hat und von der sie sich letztendlich die Reorganisation der Gesellschaft erhofft.

Maria Montessori fordert eine grundlegende, sowohl pädagogisch als auch sozial motivierte Reform der Schulbildung. Die Kritik Montessoris an der »alten Schule«, die ihrer Ansicht nach weder den Erfordernissen der Vergangenheit und erst recht nicht den Anforderungen der modernen, vom Fortschritt geprägten Gesellschaft zu entsprechen vermag, gipfelt in dem Vorwurf, die Schule kenne die spezifischen Entwicklungs- und Lernbedürfnisse der Kinder und Jugendlichen überhaupt nicht und verkomme deshalb zu einer reinen Pauk- und Drillschule, die sich auf die einseitige Vermittlung von in sich fragwürdig gewordenen Kulturgütern beschränke und die Lernprozesse der Schüler auf das rein rezeptive Aufnehmen von Stoff und dessen geistloses Memorieren reduziere. Von der sozialen Perspektive her beklagt Montessori, dass die Schulen zeitgenössische politische und soziale Probleme völlig außer Acht lassen und die Jugendlichen unvorbereitet in das gesellschaftliche Leben entlassen. Die produktive Teilnahme der Jugendlichen setzt aber die genaueste Kenntnis der sozialen und wirtschaftlichen Strukturen voraus, deren theoretische und praktische Vermittlung das zentrale Anliegen der schulischen Bildung sein müsste. Die Welt der Bildung ist, so Montessori, »eine Art Insel, auf der sich Individuen auf das Leben vorbereiten, indem sie ihm fremd bleiben«[211].

Die Lehrpläne erscheinen als unlogische Mächte, geeignet, den Kindern den besten Teil ihrer individuellen Energien zu rauben. Die Heranwachsenden werden wie Grundschulkinder behandelt und sind selbst im Alter von 16 Jahren noch der kleinlichen Behandlung durch schlechte Zensuren unterworfen, mit denen die Studienräte ihre Arbeit abwägen. Die Arbeit der Schüler wird wie eine »unbelebte Materie« gemessen, und nicht wie ein Produkt des Lebens beurteilt. Und von diesen willkürlichen Zensuren hängt die Zukunft des Schülers ab. Unter solchen Bedingungen stellt das Studium in der Schule eine niederdrückende Bürde dar, die schwer auf den Schülern lastet, wohingegen es doch ein Privileg sein sollte: »die Einweihung in die Wissenschaft, den Stolz unserer Zivilisation«[212].

Beide Momente, sowohl die vollkommene Entwicklung der individuellen Persönlichkeit, als auch die theoretische und praktische Auseinandersetzung mit den sozialen, politischen und wirtschaftlichen Realitäten sollen dem jungen Menschen die immer problematischer werdende Anpassung an ein sich beständig änderndes soziales Umfeld ermöglichen und erleichtern. Durch die zunehmende Technisierung und Modernisierung befindet sich die Gesellschaft, so lautet die Analyse Montessoris, zum einen im »Zustand des Auseinanderfallens«, zum anderen im »Zustand des Wiederaufbaus«. Dieser Wechsel von Regression und Fortschritt schafft eine enorme soziale Unsicherheit, auf die die Erziehung bewusst vorbereiten muss.

Während Montessori den durch die modernen Naturwissenschaften getragenen technischen Fortschritt uneingeschränkt begrüßt und die kosmische Mission des Menschen in der zunehmend rationalen Gestaltung seines kulturellen Umfeldes sieht, überrascht

211 Das kreative Kind, S. 9.
212 Von der Kindheit zur Jugend, S. 95f.

sie an dieser Stelle mit einer überaus scharfsinnigen Analyse der durch diesen Fortschritt heraufbeschworenen sozialen Veränderungen, und sie überträgt der schulischen Erziehung die Aufgabe, die Jugendlichen auf eine unsichere berufliche und soziale Zukunft und auf eventuell zu bewältigende Lebenskrisen vorzubereiten. Die Sicherheit »der alten Zeit« ist verloren, so Montessori: »Jene Zeit ist vorüber, wo der Beruf sich ungestört vom Vater auf den Sohn vererbt. Die Gewissheit einer guten Anstellung, die gute Studien belohnte, ist verloren. Die Familie kann das nicht mehr wie früher garantieren. Nicht einmal der Staat ist in der Lage, seinen Bürgern, die für höhere Berufe bestimmt sind, eine Anstellung zuzusichern, wenn sie ihre Fachschulen absolviert haben. Man muss nun den neuen Schwierigkeiten ins Auge sehen, die die Unsicherheit der modernen Bedingungen hat auftauchen lassen.«[213]

Die Konsequenzen, die sich aus dieser sozialen Situation für die Erziehung und Bildung der Kinder und Jugendlichen ergeben, formuliert Montessori folgendermaßen: »Unter diesen sozialen Bedingungen müssen wir uns daran erinnern, dass der einzige sichere Führer der Erziehung darin besteht, die Personalität der Kinder zu fördern. Man muss folglich die menschliche Personalität für alle unvorhergesehenen Eventualitäten vorbereiten (…) Ohne strenge Spezialisierung muss man in ihr eine Möglichkeit der schmiegsamen und lebendigen Anpassung entwickeln. In diesem wilden Kampf, zu dem sich das soziale Leben entwickelt hat, bedarf der Mensch außer seines Mutes eines starken Charakters und eines schnellen Verstandes. Er muss zugleich seine Grundsätze durch moralische Übungen verstärken und praktische Fähigkeiten besitzen, um den Schwierigkeiten des Lebens ins Auge sehen zu können. Die Fähigkeit zur Anpassung ist heute wesentlich.«

Intellektuelle Bildung ist nicht mehr länger nur für akademische Berufe wichtig, sondern für alle, »die in einer Epoche leben, die vom Fortschritt der Naturwissenschaften und ihren Anwendungen geprägt ist«[214].

213 A.a.O., S. 93.
214 Von der Kindheit zur Jugend, S. 94f.

Resümee

Diese Einführung in die Montessori-Pädagogik stand unter dem doppelten Anspruch von *Darstellung und Kritik*.

In einem ersten Schritt ging es darum, die Entstehung von Maria Montessoris Denken aus dem Geiste des Positivismus nachzuzeichnen. Entgegen vielen Versuchen, diesen Ursprung der Montessori-Pädagogik zu leugnen oder durch seine Interpretation als lediglich eines Vorstadiums ihrer späteren Pädagogik zu verharmlosen, hat die von ideologischen Vorurteilen freie Lektüre von Montessoris Büchern deutlich gemacht, dass an der Verwurzelung der Montessori-Pädagogik im Positivismus nicht nur nicht zu zweifeln ist, sondern dass das Wissenschaftsverständnis dieser Richtung die gesamte Pädagogik Montessoris durchgängig bestimmt und beständig trägt. Diese Erkenntnis hat einerseits Montessoris erklärtes Bemühen um eine wissenschaftliche Pädagogik in ein positives Licht gerückt und sie als eine Vorläuferin einer biologisch und psychologisch begründeten Erziehungswissenschaft ausgewiesen. Andererseits hat sie gleichzeitig die mit diesem Wissenschaftsbegriff einhergehenden Verengungen deutlich gemacht, die Montessori beispielsweise die Bedeutung des pädagogischen Bezuges, den dialogischen Grundcharakter des Erzieherischen und überhaupt die philosophisch-anthropologische Frage nach der menschlichen Bildung hat vernachlässigen lassen. Radikale Kritiker haben in diesem Zusammenhang nicht ohne Grund von der Montessori-Pädagogik als einer »sprachlosen Pädagogik« gesprochen.

In einem zweiten Schritt ging es darum, die Entwicklungs- und Lerntheorie Maria Montessoris in ihren prinzipiellen Aussagen nachzuzeichnen. Entgegen vieler Versuche, die Montessori-Pädagogik als eine Pädagogik der Freiheit und kindlichen Selbstbestimmung auszulegen, hat die Prüfung ihrer einschlägigen Schriften die biologische Fundierung ihres Entwicklungs- und Lernbegriffs und damit eine grundsätzlich deterministische Ausrichtung ihres pädagogischen Denkens ergeben. Dadurch haben wir Montessori einerseits als Pionierin einer neurowissenschaftlichen Erforschung des kindlichen Lernens und als Wegbereiterin eines biologischen Konstruktivismus sehen gelernt, andererseits sind uns damit auch Beschränkungen ihres Horizontes deutlich geworden. Ihr Interesse richtet sich durchweg nur auf die Form kindlichen Lernens, während die Inhalte des Lernens bei ihr stets zweitrangig bleiben. Entwicklung definiert Montessori als einen Prozess der Selbstorganisation; von freier Selbstentscheidung und autonomer Selbstbestimmung kann bei ihr allenfalls in sehr eingeschränktem Maße die Rede sein. Dementsprechend verengt sich ihr Freiheitsbegriff auf die biologische Entwicklungsfreiheit, und das Problem der sittlich-moralischen Freiheit wird von ihr auf die praktische Einübung in Sitte und Brauchtum reduziert. Radikale Kritiker haben deshalb nicht ohne Grund in der Montessori-Pädagogik einen versteckten Autoritarismus und Determinismus erkannt und darauf hingewiesen, dass Montessoris formalisierte Methode beliebig anwendbar sei, zu welchen Inhalten oder Zielen auch immer.

In einem dritten Schritt ging es darum, Montessoris Kosmische Theorie und damit das Herzstück ihrer Pädagogik sorgfältig zu analysieren und kritisch zu hinterfragen. Entgegen vieler aktueller Versuche, Montessoris Kosmische Theorie zum Inbegriff einer ökologischen Pädagogik und zu einer pädagogischen Ethik der Weltverantwortung hochzustilisieren, hat unsere Untersuchung einerseits positiv sehen lassen, dass Maria Montessori die Probleme der Erziehung in einen weltumspannenden Zusammenhang stellen und für die Pädagogik eine metaphysisch-naturphilosophische Gesamtschau wiedergewinnen will, von der her sich sowohl eine christliche als auch eine Friedenserziehung legitimieren würden. Andererseits wurde deutlich, dass Maria Montessori dabei auf eine holistische Weltsicht zurückgreift, die in der Physikotheologie und in der Theosophie wurzelt und bei der fraglich erscheint, ob sie umstandslos mit einer christlichen Schöpfungs- und Freiheitstheologie vereinbar ist. Selbst ihre Friedensidee schmilzt in diesem Licht zu einem lediglich biomedizinischen Problem der Individual- und Sozialhygiene zusammen. Hinter Montessoris Theorie der Kosmischen Erziehung hat sich als erkenntnisleitendes Interesse ihre rückwärts gewandte Sehnsucht gezeigt, den modernen Pluralismus zu überwinden und die heranwachsende Generation auf ein harmonisierendes Weltbild einzuschwören. Radikale Kritiker haben nicht ohne Grund die Frage aufgeworfen, ob nicht Montessoris heute vielen so zeitgemäß erscheinende Theorie der Kosmischen Erziehung in Wirklichkeit auf einem Weltbild beruht, das schon zu ihrer eigenen Zeit längst veraltet war.

In einem vierten und letzten Schritt ging es schließlich darum, Montessoris Sozialtheorie in ihren Grundzügen darzustellen und einer kritischen Betrachtung zu unterziehen. In Anbetracht der merkwürdigen Hilflosigkeit der bisherigen Montessori-Forschung gegenüber diesem Thema mussten wir auch hier nach den historischen und systematischen Verwurzelungen von Montessoris Gesellschaftsbild fragen, die sich ebenfalls in der medizinischen Anthropologie und in der Evolutionsbiologie ihrer Zeit ausfindig machen ließen. Einerseits präsentierte sich Maria Montessori in ihren sozialreformerischen Bemühungen als eine typische Vertreterin des damals in der Medizin weit verbreiteten Gedankens einer menschheitsumgreifenden Universalhygiene im Dienste der physischen und psychischen Gesundheit der menschlichen Rasse und weitete den pädagogischen Blick vom einzelnen Individuum auf die gesamte Menschengattung. Andererseits zeigte der Rückgriff auf Montessoris sozialtheoretisches Denken, dass Maria Montessori überwiegend sozialbiologisch denkt, damit an die Stelle der vernünftig und vertraglich geregelten Gesellschaft eine am Muster des Ameisenstaates orientierte »natürlich« gewachsene Gesellschaft setzt und die politische Dimension von Macht und Herrschaft ausblendet. Radikale Kritiker haben deshalb nicht ohne Grund immer wieder auf die immanenten Gefahren dieser politischen Naivität Maria Montessoris hingewiesen.

Zeittafel

31.08.1870	Maria Montessori wird in Chiaravalle bei Ancona (Italien) als Tochter von Alessandro und Renilde Montessori geboren.
1883–1886	Nach der Grundschulzeit besucht Montessori die Regia Scuola Tecnica Michelangelo Buonarotti, eine naturwissenschaftlich-technische Sekundarschule in Rom. Montessori äußert die ungewöhnliche Absicht, Ingenieurin zu werden.
1886–1890	Studium am Regio Instituto Leonardo da Vinci. Maria Montessori ändert ihren Berufswunsch und strebt nun das Medizinstudium an.
1890–1892	Studium der Mathematik, Physik und Naturwissenschaften mit besonderer Berücksichtigung der vorklinischen Fächer. Ihre im Frühjahr 1892 mit sehr gutem Erfolg abgeleistete Prüfung berechtigt sie zum Studium der Medizin, das Montessori gegen viele Widerstände im Herbst 1892 an der Universität Rom beginnt.
1892–1897?	Promotion in Medizin mit einer Arbeit über Wahnvorstellungen. Der exakte Titel lautete *Contributo clinico allo studio delle allucinazioni a contenuto antagonistico.*
1896	Teilnahme am Internationalen Frauenkongress in Berlin. Maria Montessori spricht sich für die Emanzipation der Frau und gegen die Kinderarbeit aus. Wiederholt äußert sie sich zu sozialen Missständen und fordert energisch soziale Reformen.

1897–1899	Montessori arbeitet als Assistenzärztin an der Psychiatrischen Klinik in Rom und wird erstmals mit dem Problem behinderter Kinder konfrontiert. Zusammen mit ihren Kollegen Sante De Sanctis und Giuseppe Montesano arbeitet Montessori an einer neu zu entwerfenden Methode der Sonder- und Heilpädagogik. In diese Zeit fällt ihr intensives Studium der heilpädagogischen Schriften der beiden französischen Ärzte Jean Marc Gaspard Itard und Edouard Seguin. Vor allem Seguins 1846 erschienenes Buch *Traitement moral, hygiene et educations des idiots* und das 1866 in Amerika erschienene Buch *Idiocy and its Treatment by a Physiological Method* übten einen entscheidenden Einfluss auf Montessori aus. Montessori unternimmt ausgedehnte Studienreisen nach Paris, Genf und Jena, um sich über Experimente mit den Materialien von Itard und Seguin kundig zu machen. Sie besucht unter anderem das Institut Bicetre, das von Bourneville und später von Alfred Binet, von dem sie viele Anregungen erhält, geführt wurde.
31.03.1898	Geburt ihres Sohnes Mario. Der Vater ist Dr. Giuseppe Montesano. Mario wächst bis zu seinem 14. Lebensjahr bei einer Pflegefamilie in den Abruzzen auf.
1898	Im September stellt Montessori als Fachfremde auf dem pädagogischen Kongress in Turin ihre Ideen zu einer neuen Erziehung und zu einer Moralhygiene öffentlich vor. Im Anschluss an den Kongress tritt der italienische Kultusminister Guido Bacelli mit der Bitte an Montessori heran, ab 1899 eine Vorlesungsreihe über die Erziehung »behinderter« Kinder für angehende Sonderschullehrer zu halten.
1899	Gründung der Scuola Magistrale Ortofrenica, einer Ausbildungsstätte für angehende »Sonderschullehrer« und zugleich Forschungsinstitut für Methoden der Sonder- und Heilpädagogik. Die Schule wurde gemeinsam von Montesano und Montessori geleitet.

Maria Montessori tritt offiziell der Theosophischen Gesellschaft bei (23. Mai 1899), nachdem sie Annie Besant auf einem feministischen Kongress in London kennen gelernt hatte.

1899–1906 Dozentur für Hygiene und Anthropologie an der Frauenhochschule Roms (Instituto Superiore di Magistero Femminile). Offiziell war Montessori bis 1918 in dieser Funktion tätig, übte diese Dozentur jedoch nur sporadisch und zeitlich begrenzt aus.

Studium der pädagogischen Anthropologie und der »allgemeinen« Pädagogik bei dem Fröbelkritiker Giuseppe Sergi und dem Herbartianer Luigi Credaro.

1901 Montessori verlässt aus privaten Gründen die Scuola Magistrale Ortofrenica.

1904 Montessori erwirbt die »libera docenza in Antropologia« an der Universität Rom.

1904–1908 Maria Montessori hält Vorlesungen über Pädagogische Anthropologie an der Universität Rom.

1907 Eröffnung der ersten Casa dei Bambini im römischen Stadtviertel San Lorenzo (La casa dei bambini dell'Instituto Romano dei Beni stabili). Montessori experimentiert mit den didaktischen Materialien Seguins und einigen Testverfahren aus der experimentellen Psychologie. Hier kam es zur Entdeckung des so genannten »Montessori-Phänomens«, das heißt, der Polarisation der kindlichen Aufmerksamkeit mit ihrer selbstorganisierenden und normalisierenden Kraft.

1909 findet der erste Ausbildungskurs für Montessori-Erzieherinnen in Citta di Castello statt.

Es erscheint ihr pädagogisches Hauptwerk *Il Metodo*, das innerhalb der nächsten Jahre in 20 Sprachen übersetzt wird und den Weltruhm der Montessori-Pädagogik begründet. Montessori wird in erheblichem Maße ideell und vor allem materiell von der Familie Franchetti unterstützt.

| 1910 | Es entstehen Modellschulen in New York, Boston und Paris. |

Erster Internationaler Montessori-Kurs in Rom.

Gründung der englischen Montessori-Gesellschaft. Als treibende Kraft im Hinblick auf die Etablierung der Montessori-Pädagogik in England fungiert Beatrice Ensor.

Erscheinen der *Antropologia Pedagogica*.

| 1912 | Am 20. Dezember stirbt die Mutter Renilde Montessori. |

Il Metodo erscheint in deutscher Übersetzung in Stuttgart unter dem Titel *Selbsttätige Erziehung im frühen Kindesalter*. Es kommt zu einer intensiven und überaus kontroversen Auseinandersetzung mit der Montessori-Pädagogik in Deutschland.

Gründung der amerikanischen Montessori-Education-Society. Maria Montessori folgt einer Einladung in die USA. Bereits 1912 war *Il Metodo* unter dem Titel *The Montessori Method. Scientific pedagogy as applied to child education in the Children's Houses* in New York erschienen und rief größtes Interesse hervor. Helen Parkhurst (Dalton-Plan) wird zur engen Mitarbeiterin Montessoris. Man sah in der Montessori-Pädagogik zunächst eine willkommene Alternative zur herrschenden Fröbel-Pädagogik. Ab 1914 kam es jedoch zu einer scharfen Kritik an Montessori, vor allem von Kilpatrick und Dewey. Auf entschiedene Ablehnung stießen vor allem ihre »veraltete Vermögenspsychologie« und der starre Formalismus der didaktischen Materialien.

| 1913 | Zweiter internationaler Ausbildungskurs in Castel Sant'Angelo. In New York erscheint *Dr. Montessori's Own Handbook* (Mein Handbuch). |

| 1914 | Maria Montessori verlässt Italien und zieht nach Barcelona. Errichtung einer Montessori-Modellschule und eines Ausbildungszentrums. In diesem Um- |

feld entstehen ihre religionspädagogischen Schriften. Es erscheint *L'autoeducazione nelle Scuole Elementari* (Schule des Kindes). Maria Montessori hält mehrere Vorträge in New York.

1915   Montessori lernt den holländischen Biologen Hugo De Vries kennen. Sie übernimmt seine Theorie der »sensiblen Phasen« für ihre Deutung der kindlichen Entwicklung.

Montessori setzt sich mit der Psychoanalyse Sigmund Freuds kritisch auseinander. In ihrem Buch *Kinder sind anders* distanziert sich später Montessori eindeutig von der psychoanalytischen Forschung.

Papst Benedikt XV. empfängt Montessori in Privataudienz.

1922   Es erscheint Montessoris religionspädagogisches Buch *I bambini viventi nella chiesa.*

1923   Maria Montessori hält mehrere Vorträge in Wien, die auf Veranlassung von Lili Roubiczek unter dem Titel *Das Kind in der Familie* erscheinen.

Montessori erhält die Ehrendoktorwürde der Universität Durham. Nach intensiven Bemühungen Montessoris um die persönliche Gunst Mussolinis und des faschistischen Regimes wird die Montessori-Pädagogik offiziell in den italienischen Schulen eingeführt.

1925   In Berlin wird die Deutsche Montessori-Gesellschaft gegründet. Nach ihrer Auflösung 1933 wird sie 1952 in Frankfurt am Main erneut gegründet.

1927   Montessori wird von Mussolini in Privataudienz empfangen. Mussolini plant ein Lehrerbildungsinstitut auf der Grundlage der Montessori-Pädagogik und wird Ehrenpräsident der italienischen Montessori-Gesellschaft.

1929   Maria Montessori gründet gemeinsam mit ihrem Sohn Mario die Association Montessori Internatio-

	nale (AMI), die zunächst ihren Sitz in Berlin und seit 1935 in Amsterdam hat.
1930	Maria Montessori lernt Anna Freud kennen.
1934	In Barcelona erscheinen zwei Schriften zur Arithmetik und zur Geometrie *Psico Aritmetica* und *Psico Geometrica*.
1936	Montessori verlässt Barcelona und lebt mit der Familie Marios in Holland.
1939	Montessori reist mit ihrem Sohn Mario nach Indien, wo sie bis zum Jahre 1946 bleiben wird. Montessori ist dort Gast der Theosophischen Gesellschaft in Adyar. Maria Montessori trifft Tagore und Ghandi. Ihr Arbeitsschwerpunkt konzentriert sich auf die Theorie der frühesten Kindheit. Mario arbeitet intensiv an einer Umsetzung der kosmischen Theorie seiner Mutter in das Konzept einer kosmischen Erziehung und an der didaktischen Anwendung der Montessori-Prinzipien auf die unterschiedlichen Schulfächer.
1949	erscheint *The Absorbent Mind* in Adyar. Montessori hält zahlreiche Ausbildungskurse in verschiedenen Regionen Indiens und gründet eine Reihe von Bildungszentren. Rückkehr nach Europa.
05.05.1952	Maria Montessori stirbt in Noordwijk am Zee (Holland).

Literaturverzeichnis

Primärliteratur

(Die im Text aufgeführten Seitenzahlen beziehen sich jeweils auf die genannte Auflage.)

Montessori, M.: Die Entdeckung des Kindes. Hrsg. von P. Oswald und G. Schulz-Benesch. Freiburg [11]1994. (Original: Il metodo della pedagogia scientifica applicato all'educazione infantile nelle case dei bambini, Citta di Castello 1909. Erste deutsche Übersetzung: Selbsttätige Erziehung im frühen Kindesalter, deutsche Übertragung von O. Knapp. Stuttgart 1913).

Montessori, M.: Antropologia pedagogica. Milano 1910.

Montessori, M.: Dr. Montessori's Own Handbook. New York 1914.

Montessori, M.: Schule des Kindes. Montessori-Erziehung in der Grundschule. Hrsg. und eingel. von P. Oswald und G. Schulz-Benesch. Freiburg [6]1996. (Original: L'autoeducazione nelle scuole elementari. Roma 1916).

Montessori, M.: Gott und das Kind. Freiburg 1995. (Original: I bambini viventi nella chiesa. Note di educazione religiosa. Napoli 1922. Erste deutsche Übersetzung: Kinder, die in der Kirche leben. Freiburg 1964).

Montessori, M.: Kinder sind anders. München [9]1994. (Original: Il Segreto dell'Infanzia. Bellinzona 1938).

Montessori, M.: Von der Kindheit zur Jugend. Hrsg. von P. Oswald. Freiburg 1966. (Übersetzung der französischen Ausgabe, Bernard, G.J.J.: De l'Enfant à l'Adolescent. Paris 1948).

Montessori, M.: Das kreative Kind. Der absorbierende Geist. Hrsg. von P. Oswald und G. Schulz-Bensch. Freiburg [10]1994. (Original: The Absorbent Mind. Adyar 1949. Die italienische Übersetzung aus dem Jahre 1952 lautet: La mente del bambino).

Montessori, M.: Über die Bildung des Menschen. Freiburg 1966. (Original: La Formazione dell'uomo. Milano 1949).

Montessori, M.: Frieden und Erziehung. Hrsg. von P. Oswald und G. Schulz-Benesch. Freiburg 1973.

Montessori, M.: Spannungsfeld Kind-Gesellschaft-Welt. Auf dem Weg zu einer kosmischen Erziehung. Aus nachgelassenen Texten hrsg. von G. Schulz-Benesch. Freiburg 1979.

Montessori, M.: Kosmische Erziehung. Hrsg. von P. Oswald und G. Schulz-Benesch. Freiburg 1988.

Montessori, M.: Grundlagen meiner Pädagogik und weitere Schriften zur Anthropologie und Didaktik. Eingel. von B. Michael. Heidelberg [7]1988.

Montessori, M.: Das Phänomen der Kreativität im Kindesalter. In: Das Kind, Heft 4/1988, S. 7–11.

Montessori, M.: Das Unbewusste in der Geschichte. In: Das Kind, Heft 3/1988, S. 4–19.

Montessori, M.: Freiheit. In: Montessori-Werkbrief der Montessori-Vereinigung Aachen e.V., Heft 4/1990, S. 143–144.

Montessori, M.: Die Macht der Schwachen. Freiburg [2]1992.

Montessori, M.: Das Studium der Bedeutung des Kindes. In: Das Kind, Heft 10/1991, S. 5–10.

Sekundärliteratur

Anderlik, L.: Ein Weg für alle! Leben mit Montessori. Dortmund 1996.

Beer, P.: Montessoris Begriff der Kosmischen Erziehung und die Idee des Philosophierens mit Kindern. In: Das Kind, Zeitschrift für Montessori-Pädagogik, hrsg. v. der Deutschen Montessori-Gesellschaft, 1. Halbjahr 1997, Heft 21, S. 29–41.

Berg, H.K.: Montessori für Religionspädagogen. Stuttgart 1994.

Böhm, W.: Die Montessori-Philosophie und ihre erziehungspraktische Relevanz. In: Röhrs, H. (Hrsg.): Die Schulen der Reformpädagogik heute. Düsseldorf 1986, S. 129–142.

Böhm, W./Flores d'Arcais, G. (Hrsg.): Die Pädagogik der frankophonen Länder im 20. Jahrhundert. Stuttgart 1980.

Böhm, W.: Maria Montessori. Hintergrund und Prinzipien ihres pädagogischen Denkens. Bad Heilbrunn [2]1991.

Böhm, W./Harth-Peter, W./Rydl, K./Weigand, G./Winkler, M. (Hrsg.): Schnee vom vergangenen Jahrhundert. Neue Aspekte der Reformpädagogik. Würzburg [2]1994.

Böhm, W./Oelkers, J. (Hrsg.): Reformpädagogik kontrovers. Würzburg 1995.

Böhm, W. (Hrsg.): Maria Montessori. Texte und Gegenwartsdiskussion. Bad Heilbrunn [5]1996.

Böhm, W. (Hrsg.): Maria Montessori Bibliografie 1896–1996. Bad Heilbrunn 1999.

Böhm, W.: Mas alla de Maria Montessori. Santo Domingo 2000.

Cavalletti, S.: Das religiöse Potential des Kindes. Freiburg 1979.

Grazzini, C.: Cosmic Education at the Elementary Level and the Role of the Materials. In: AMI Communications Heft 2/3 (1998), S. 14–28.

Eckert, E.: Montessoris Kosmische Erziehung. Vision und Konkretion. Oldenburg 1996.

Fischer, R./Klein-Landeck, M./Ludwig, H. (Hrsg.): Die Kosmische Erziehung Maria Montessoris. Münster 1999.

Fuchs, B./Harth-Peter, W. (Hrsg.): Montessori-Pädagogik und die Erziehungsprobleme der Gegenwart. Würzburg 1989.

Fuchs, B./Harth-Peter, W. (Hrsg.): Alternativen frühkindlicher Erziehung. Von Rousseau zu Montessori. Würzburg 1992.

Geißler, E.E.: Die Schule. Theorien, Modelle, Kritik. Stuttgart 1984.

Harth-Peter, W. (Hrsg.): Kinder sind anders. Maria Montessoris Bild vom Kind auf dem Prüfstand. Würzburg 1996.

Harth-Peter, W.: Das Prinzip Freiheit in der Pädagogik Maria Montessoris. In: Vierteljahrsschrift für wissenschaftliche Pädagogik 72/1996, Heft 1, S. 96–104.

Harth-Peter, W.: Der heimliche Lehrplan in der Pädagogik Maria Montessoris. In: Das Kind, Heft 17/1995, S. 5–14.

Heimbring, D.: Montessori-Pädagogik und naturwissenschaftlicher Unterricht. Aachen [2]1992.

Heiland, H.: Maria Montessori – mit Selbstzeugnissen und Bilddokumenten dargestellt. Reinbek 1991.

Hellmich, A./Teigeler, P. (Hrsg.): Montessori-, Freinet-, Waldorf-Pädagogik. Konzeption und aktuelle Praxis. Weinheim [2]1994.

Helming, H.: Montessori-Pädagogik. Freiburg 1994.

Hofer, Ch.: Die pädagogische Anthropologie Maria Montessoris – oder: Die Erziehung zum neuen Menschen. Würzburg 2001.

Holtstiege, H.: Maria Montessoris Neue Pädagogik. Prinzip Freiheit – Freie Arbeit. Freiburg 1987.

Holtstiege, H.: Modell Montessori – Grundsätze und aktuelle Geltung der Montessori-Pädagogik. Freiburg [7]1994.

Holtstiege, H.: Montessori-Pädagogik und soziale Humanität. Perspektiven für das 21. Jahrhundert. Freiburg 1994.

Holtstiege, H.: Das Menschenbild bei Maria Montessori. Grundzüge ihrer Anthropologie im Kontext der aktuellen Diskussion. Freiburg 1999.

Holtz, A.: Grundlagen der Kosmischen Erziehung. Ulm 1998.

Katein, W.: Maria Montessori. Die Grundlagen ihrer Pädagogik und Möglichkeiten der Übertragung in Schulen. Langenau-Ulm 1992.

Klein-Landeck, M.: Freie Arbeit bei Maria Montessori und Peter Petersen. Münster 1989.

Koch, L.: Logik des Lernens. Weinheim 1991.

Konrad, F.-M.: Kindergarten oder Kinderhaus. Montessori-Rezeption und pädagogischer Diskurs in Deutschland bis 1939. Freiburg 1997.

Kramer, R.: Maria Montessori. Leben und Werk einer großen Frau. Frankfurt a.M. 1983.

Kratochwil, L.: Pädagogisches Handeln bei Hugo Gaudig, Maria Montessori und Peter Petersen. Donauwörth 1992.

Leenders, H.: Der Fall Montessori: Die Geschichte einer reformpädagogischen Erfolgskonzeption im italienischen Faschismus. Bad Heilbrunn 2002.

Ludwig, H. (Hrsg.): Erziehen mit Maria Montessori. Ein reformpädagogisches Konzept in der Praxis. Freiburg [2]1998.

Ludwig, H.: Kosmische Erziehung. Zum Ansatz einer ökologisch orientierten Schulpädagogik und Didaktik bei Maria Montessori. In: Montessori 30/1992, Heft 1/2, S. 14–34.

Mayr-Wuksan, A.: Die Aktualität der Kosmischen Erziehung bei Maria Montessori in Beispielen. In: Haberl, H. (Hrsg.): Montessori und die Defizite der Regelschule. Wien 1993, S. 105–111.

Montessori, M.: Erziehung zum Menschen. Montessori-Pädagogik heute. Frankfurt a.M. 1984.

Oelkers, J.: Reformpädagogik. Eine kritische Dogmengeschichte. Weinheim 1989.

Oswald, P./Schulz-Benesch, G. (Hrsg.): Grundgedanken der Montessori-Pädagogik. Aus Maria Montessoris Schrifttum und Wirkkreis. Freiburg [2]1971.

Scheid, P./Weidlich, H. (Hrsg.): Beiträge zur Montessori-Pädagogik. Stuttgart 1977.

Schulz-Benesch, G.: Der Streit um Montessori. Freiburg ²1962.

Schulz-Benesch, G. (Hrsg.): Montessori. Darmstadt 1970.

Schwegman, M.: Maria Montessori. Darmstadt 2000.

Steenberg, U. (Hrsg.): Handlexikon der Montessori-Pädagogik. Ulm ²1998.

Stein, B.: Theorie und Praxis der Montessori-Grundschule. Freiburg 1998.

Wagenschein, M.: Naturphänomene sehen und verstehen. Stuttgart 1995.

Wagenschein, M.: Verstehen lehren. Weinheim 1999.

Wuketits, F.: Charles Darwin. München 1987.

Wuketits, F.: Evolution, Erkenntnis, Ethik. Darmstadt 1984.

Winkels, Th.: Montessori-Pädagogik konkret. Bad Heilbrunn 2000.

Weisser, J.: Das heilige Kind. Über einige Beziehungen zwischen Religionskritik, materialistischer Wissenschaft und Reformpädagogik im 19. und zu Beginn des 20. Jahrhunderts. Würzburg 1995.

Jens Brachmann

Friedrich Schleiermacher

Ein pädagogisches Porträt.
(Reihe: Pädagogische Porträts)
2002. 144 S. Br., € 13,90 D (3-8252-2285-3)

Das zentrale Thema der Pädagogik Schleiermachers bildet
die Einbindung des Einzelnen in die soziale Gemeinschaft
unter den Bedingungen der Moderne.

Aus dem Inhalt:
Das Kolleg »Grundzüge der Erziehungskunst« (1813/14).
– Systementwurf, »ethische Wissenschaften« und der heuristi-
sche Ort pädagogischer Theorie. – Erzieherische Einwirkung
als Gegenstand pädagogischer Theorie. – Pädagogische Hand-
lungsformen. – Perioden der Erziehung. – Grenzen. –
Editions- und Wirkungsgeschichte.

Die Reihe »Pädagogische Porträts« wird herausgegeben
von Alfred Schäfer.

UTB für Wissenschaft
Uni-Taschenbücher GmbH
Breitwiesenstr. 9, 70565 Stuttgart
Tel. 0711/7829555-0 – Fax 0711/7801376
www.utb.de   e-mail: utb@utb-stuttgart.de

Preisänderungen vorbehalten · utb-2285

Michael Winkler

Klaus Mollenhauer

Ein pädagogisches Porträt.
(Reihe: Pädagogische Porträts)
2002. 155 S., Br,. € 13,90 D (3-8252-2286-1)

Mollenhauers Theoriebildung steht für den Übergang
von der geisteswissenschaftlichen zur kritisch-
sozialwissenschaftlichen Pädagogik.

Aus dem Inhalt:

- Fragmente einer Theorie. Einstieg für ganz Eilige.
- Gesellschaft und Erziehung.
- In Erinnerung an die geisteswissenschaftliche Pädagogik.
- Erziehung und Emanzipation.
- Sozialwissenschaft und Pädagogik.
- Kultur und Pädagogik. Vergessene Zusammenhänge.
- Schleiermacher und die Folgen.

Die Reihe »Pädagogische Porträts« wird herausgegeben
von Alfred Schäfer.

UTB für Wissenschaft
Uni-Taschenbücher GmbH
Breitwiesenstr. 9, 70565 Stuttgart
Tel. 0711/7829555-0 – Fax 0711/7801376
www.utb.de   e-mail: utb@utb-stuttgart.de

Preisänderungen vorbehalten · utb-2286

Alfred Schäfer

Jean-Jacques Rousseau

Ein pädagogisches Porträt.
(Reihe: Pädagogische Porträts)
2002. 156 S., Br., € 13,90 D (3-8252-2287-X)

Rousseaus pädagogische Theorie versucht die Antwort
auf eine grundlegende Frage der Moderne: Wie ist eine
Erziehung möglich, die es dem Menschen erlaubt, trotz
gesellschaftlicher Anforderungen mit sich selbst in
Übereinstimmung zu sein.

Aus dem Inhalt:

- Entfremdungstheorie und Vernunftkritik.
- Das theoretische Werkzeug Rousseaus.
- »Natürliche Erziehung«.
- Die Frau: Aufspaltung der Anthropologie.
- Wirkungsgeschichte und Diskussionsstränge.

Die Reihe »Pädagogische Porträts« wird herausgegeben
von Alfred Schäfer.

UTB für Wissenschaft
Uni-Taschenbücher GmbH
Breitwiesenstr. 9, 70565 Stuttgart
Tel. 0711/7829555-0 – Fax 0711/7801376
www.utb.de   e-mail: utb@utb-stuttgart.de

Preisänderungen vorbehalten · utb-2287

Reinhard Uhle

Wilhelm Dilthey

Ein pädagogisches Porträt.
(Reihe: Pädagogische Porträts)
2003. 130 S., Br., € 13,90 D (3-8252-2337-X)

Diltheys Pädagogik wird hier als Förderprogramm von
Heranwachsenden auf der Grundlage system-analoger
Kulturtheorie verstanden. Dazu werden vor allem Diltheys
pädagogische Vorlesungen übersetzend interpretiert, um
dessen besondere Auffassung von Erziehung und Bildung
verständlich werden zu lassen.

Die Reihe »Pädagogische Porträts« wird herausgegeben
von Alfred Schäfer.

UTB für Wissenschaft
Uni-Taschenbücher GmbH
Breitwiesenstr. 9, 70565 Stuttgart
Tel. 0711/7829555-0 – Fax 0711/7801376
www.utb.de   e-mail: utb@utb-stuttgart.de

Preisänderungen vorbehalten · utb-2337

Hans Eberwein (Hrsg.)

Einführung in die Integrationspädagogik

Interdisziplinäre Zugangsweisen sowie Aspekte
von Lehrern und Diplompädagogen.
2. Auflage 2001. 288 S., Br.,
€ 19,90 D (3-8252-2258-6)

Das breite inhaltliche Spektrum dieses Lehrbuches ermöglicht
eine grundlegende Einführung in unterschiedliche Bereiche
der Integrationspädagogik. Die Beiträge beziehen sich auf
bildungs- und gesellschaftspolitische, soziologische, psycho-
logische, sonderpädagogische, fachdidaktische und weitere
Aspekte des gemeinsamen Lernens und Lebens. Dabei wird
demonstriert, wie integrationspädagogische Gesichtspunkte
die einzelnen erziehungswissenschaftlichen Teilbereiche
durchziehen und wie die verschiedenen pädagogischen
Disziplinen sich mit Fragen integrativen Lernens
auseinandersetzen. Dieser Ansatz beschreitet neue Wege
im Hinblick auf die Qualifizierung von Pädagogen für
Unterricht und Erziehung.

UTB für Wissenschaft
Uni-Taschenbücher GmbH
Breitwiesenstr. 9, 70565 Stuttgart
Tel. 0711/7829555-0 – Fax 0711/7801376
www.utb.de   e-mail: utb@utb-stuttgart.de

Preisänderungen vorbehalten · utb-2258